平成監獄面会記

片岡健

まえがき ――私はなぜ、殺人犯と会うのか――

私は、主に事件関係の取材や執筆をしているフリーのライターで、その仕事の一環として、全国各地の刑務所、拘置所で様々な殺人犯と面会してきた。本書の執筆に際し、改めて数えてみたところ、これまでに会った殺人犯は全部で39人だった（まだ裁判で有罪が確定していない者や冤罪の疑いがある者も含む）。刑務官や警察官、検察官、弁護士など一部の専門職（？）の人たちを除けば、これだけの人数の殺人犯に会ったことがある人間は、おそらく、日本にあまりいないだろう。

そんな私が物珍しいのか、「なぜ、殺人犯なんかに会うのか」と聞いてくる人がたまにいる。当然の疑問だと思う。なぜなら、殺人事件の記事を書くのに、犯人本人に直接話を聞く必要はないからだ。というより、社会の注目を集めた殺人事件について、犯人本人に聞いた話をそのまま伝えるような記事を発表すれば、犯人の身勝手な言い分を垂れ流したとして批判されることもある。どちらかといえば、犯人本人への取材はしないか、するとしても最小限にとどめ、捜査機関や関係者への取材、裁判の傍聴などの客観的な取材に重きを置き、事件の真相や核心に迫るほうが事件報道の主流だろう。

実際、私もそのような主流のやり方で特定の事件に関する取材や執筆をすることがないわけではない。しかし、やはり犯人本人に会えるなら、できるだけ会いたいといつも思っている。とくに、社会の注目を集めた殺人事件を取材する際はそうだ。その理由を端的に言えば、日本中の誰もが知っているような有名な事件であっても、犯人本人に会ってみないとわからないことが必ずあるからである。

順を追って説明すると、こういうことだ。

私が特定の事件の取材に乗り出すきっかけは、いつも「報道」である。すなわち、テレビや新聞といった大手メディアの報道に触れ、何か心に引っかかる事件があれば、自分でも独自に調べてみようと取材に乗り出すというパターンがほとんどだ。

そんな取材を重ねる中、常々感じるのは、報道のイメージ通りだと思える犯人が1人もいないということだ。報道では、絵に描いたような凶悪殺人犯という印象だった人物でも、面会してみると、たいていは普通の人である。むしろ、普通より弱々しい人物も珍しくない。報道では、身勝手極まりない印象だった殺人犯が実際は礼儀正しかったり、腰が低かったりするというのもよくあることだ。また、裁判中の法廷にいる時と、面会室で向かい合った時とでは、印象が大きく異なる殺人犯も少なくない。裁判を傍聴したあとに面会に訪ねてみると、法廷にいた時とは顔つきもまったく変わり、別人のように見える殺人犯もいるほどだ。

だからこそ、私は殺人犯たちの実像を知るために本人たちに会うことにこだわっている。自分自身が「知りたい」という欲求がいつだって取材の一番の原動力ではあるが、事件報道に求められる再発防止などに資する情報も、殺人犯本人の実像を知ることなく得られるわけがないという思いもある。

本書では、私が過去に会った重大な殺人事件の犯人たちの中から、個性が際立っていた7人と1人について、実像をリアルに描き出すことを目指してまとめたものだ。なぜ、8人と言わずに「7人と1人」という言い回しをするのか。ここで私が述べたように、殺人犯たちと会ってみないとわからないことが本当にあるのか。それらのことは全部、本書を読んで頂けばわかると思う。

――片岡健

目次

Column

元厚生事務次官宅連続襲撃事件（平成20年）――「愛犬の仇討ち」で3人殺傷

小泉 毅

「私の人生は、一言でいって、幸せでした」

【DATA】

犯行時の年齢：46歳
犯行の罪名：殺人、殺人未遂、殺人予備、銃刀法違反
裁判の結果：死刑（本書校了時点では未執行）
面会場所：東京拘置所

警視庁に移送される小泉毅。東京・麹町署前にて(時事通信社提供)

小柄で、おとなしそうな男

私が東京拘置所で初めて小泉毅《こいずみたけし》と面会したのは、2013年の春だった。小泉はその日、薄緑色をした半袖半ズボンの囚人服で面会室に現れた。思っていたより小柄で、おとなしそうな男だった。

「報道とは、ずいぶん雰囲気が違いますね」

アクリル板越しに向い合って座り、そう話しかけると、小泉は自然な感じでこう言った。

「私に関する報道はデタラメでしたからね」

私が、「逮捕されてからも報道は見ていたんですか」と重ねて尋ねると、小泉はこう答えた。

「私のことが書かれた新聞や雑誌は弁護人に差し入れてもらっていました。私が言ってもいないことを取り調べで言っているように書いていたり、私はタバコを吸わないのに、喫煙マナーが悪く周囲とトラブルになっていたと書いていたりと、よくこんな嘘を書くな、という記事ばかりでした」

私は初めて面会に訪ねる前、小泉は人を威圧す

東京拘置所

めるオーラをまとった男ではないかと想像していた。しかし、実際の小泉はむしろ穏やかな話し方をする人物だった。そうだと知らなければ、この男が4年と数ヶ月前、日本全国の注目を集める連続殺傷事件を起こした犯人だとは誰もわからないだろうと思った。

意外な犯行動機

2008年11月18日、さいたま市南区の住宅街。厚生省（現在は厚生労働省）の元事務次官・山口剛彦さん（当時66歳）と、その妻の美和子さん（当時61歳）が自宅で何者かに胸や背中を刺されて死んでいるのを見つけたのは、隣の家で暮らす美和子さんの男性だった。

彼は午前8時頃、山口さん宅の1階の雨戸が閉まったままなのを不審に思い、何度か山口さん宅に電話をしてみたが、つながらなかったために不安を募らせた。思い切って山口さん宅を訪ねたところ、玄関で山口さんと美和子さんが血を流して倒れていたという。

テレビやインターネットでは、この事件に関する速報が続々と打たれたが、「第2の事件」が起きたのはその日のうちのことだった。

午後6時30頃、山口さん宅から南に約13キロの場所にある東京都中野区の住宅街。山口さんと同じく元厚生事務次官の吉原健二さん（当時76歳）の家に宅配便を装った男が押し入り、1人で自宅にいた妻の靖子さん（当時72歳）に包丁で襲いかかったのである。靖子さんは胸や背中を刺されながら家の外に逃げ、通行人に助けを求めて一命をとりとめたが、瀕死の重傷だった。

2つの事件は、さほど離れていない2人の元厚生事務次官の家が連続して襲撃されており、同一犯であることは明らかだった。そして、当初、犯人の目的は「年金テロ」であるかのように報道された。この前年、社会保険庁の年金記録に膨大なミスがあることや、同庁や地方自治体の職員による年金保険料の横領が横行していたことが発覚し、年金行政に対する国民の不信が渦巻いていたためだ。山口さんと吉原さんが厚生省時代、年金制度の大改正に携わっていたこともこの見方を後押しした。

歴代の旧厚生事務次官らの自宅では、すぐさま警察官たちが配備されて物々しい雰囲気となった。官房長官の河村建夫は会見で、「テロならば、許すわけにいかない」と怒りをあらわにした。

だが、この事件は「年金テロ」ではなかった。同22日の夜9時過ぎ、犯人の男は凶器の包丁を持参し、東京・霞が関の警視庁本部に車で乗りつけて自首すると、「真相」をこう明かしたのである。

「34年前、保健所で殺された家族の仇討ちだった」

この犯人が当時46歳の小泉毅である。

小泉が取り調べで語ったところでは、子どもの頃、実家で飼っていたチロという雑種犬が狂犬病予防法に基づいて保健所で殺処分にされたことをずっと恨んでいたという。そして、チロの仇討ちとして、狂犬病予防法を所管する厚生省の事務次官経験者たちの自宅を襲撃したというのだ。

この誰も予想できなかった「真相」に社会は驚いた。朝日新聞の同24日付け朝刊の社説では、著者が〈こんな理由で人の命を奪ったというのだろうか。憤りとともに、信じがたいとの思いがぬぐえない〉と戸惑いを吐露したが、これはこの事件に関心を持っていた人の多くに共通する思いだった。

「本当の動機は、自分の境遇や生活への不満だったのではないか」と勘繰るような報道も散見された。小泉は、国立の佐賀大学理工学部に進学しながら中退し、職を転々としていたのだが、マスコミはその経歴に着目し、この前代未聞の殺人犯を通俗的なストーリーに落とし込もうとしたわけである。

警察車両で連行される小泉の姿は様々なマスコミで報道されたが、坊主頭で、無精ひげを蓄えた武骨な風貌はインパクトがあった。雑誌では、オウム真理教と関係があるとか、当たり屋をやっていたとかの怪情報も次々報じられ、「小泉毅=クレイジーな殺人者」というイメージも広まった。

その後、小泉は精神鑑定を受けさせられたが、刑事責任能力はあると認められて起訴される。そして、翌2009年11月にさいたま地裁で始まった裁判でも、「私が殺したのは人間ではなく、マモノである」という特異な論理で無罪判決を求め、再び社会の注目を集めた。

だが、そんな主張が裁判で認められるはずもなく、小泉は2010年3月30日、さいたま地裁で死刑を宣告され、東京高裁の控訴審でも2011年12月26日、死刑を支持する控訴棄却の判決を受けた。私が初めて小泉の面会に訪ねたのは、控訴審の判決から1年と数ヶ月が過ぎた時期だった。

発生当初に全国の注目を集めたこの事件も、この頃はすでに風化しつつあった。しかし、私は、小泉毅に関する報道に違和感を抱いており、小泉の実像を自分の目で確かめたいと思っていたのである。

小泉にも存在した支援者

再び、東京拘置所の面会室。裁判の現状について聞くと、小泉はまず弁護人を批判した。

「先月、国選弁護人が最高裁に上告趣意書を提出したのですが、私はすぐにこの趣意書は撤回するという意見書を最高裁に提出しました。今の国選弁護人は控訴審の時から弁護人になったのですが、私のことを精神障害や妄想性障害であるようにでっち上げて貶めようとするからです」

私は、「弁護人は小泉さんを貶めたいわけではなく、死刑を回避するために精神障害や妄想性障害の可能性を主張しているのではないでしょうか」と問いかけてみたが、小泉は言下に否定した。

「国選弁護人は、私がチロちゃんの死を本当はそんなに悲しんでいなかったとか、私のことを誹謗中傷することばかり主張するので、これまでに6回、裁判所に解任の請求をしています。面会に訪ねて来ても会うのを拒否しています。支援者の方々が色々探し、動物愛護家の弁護士を見つけてきてくださったので、現在はその弁護士に弁護人になってもらおうと考えています」

裁判所が選任した国選弁護人は、被告人が裁判所に解任を請求してもなかなか認められないのが通常だ。それはともかく、死刑判決を受けた殺人犯が支援者と養子縁組したとか、獄中結婚したとかいう話はよく聞くが、小泉にも支援者がいるという話に、私は少し驚いた。「支援者は、死刑廃止運動をしている人たちですか」と尋ねると、小泉は「違います」と言い、こう説明した。

「私を支援してくれているのは、動物愛護家の人たちです。死刑廃止運動の人たちも以前は面会に来てくれたりしていましたが、私とは考え方などが違うようで、離れていきました」

なるほど、と思った。小泉は犯行動機を「保健所で殺処分になった家族（＝犬）の仇討ち」と語っているので、それに同情したり、共感したりした動物愛護家の人たちが支援に乗り出しているわけだ。

もっとも、事件発生当時の報道では、小泉の父親がチロの殺処分の経緯について、「自宅で営んでいた駄菓子屋の客や周囲の人によく吠えるため、保健所に処分してもらった」などと語ったように伝えられていた（朝日新聞東京本社版２００８年11月24日朝刊一面）。これが事実なら、小泉が保健所を恨むのは筋違いのようにも思える。

そこで私は、「チロちゃんは、小泉さんのお父さんが保健所に連れて行ったように報道されていましたね」と水を向けてみた。すると、小泉は「あれは親父の記憶違いです」と言った。

「チロちゃんは、妹が散歩に連れて行った際、空き地で放していたら、野犬狩りに保健所に連れて行かれたんです。首輪もしていたのに、野良犬と間違われたんです。チロちゃんは、近所の犬に吠えることはありましたが、人には愛想がよく、親父も『吠えないし、賢い犬だ』と褒めていました。チロちゃんは白い犬だったのに、親父は『茶色い犬だった』と言うほど記憶が曖昧になっているんです」

小泉の言葉のみで事実関係は判断できない。ただ、小泉は記憶通りに話しているように思えた。

すると、小泉のほうから、「片岡さんの取材を受けるとは、まだ決めていないんです」と切り出してきた。

「取材を受けるかどうかの判断材料として、ブログやツイッター、m・i・x・iをやっていれば、トップページを印刷して送って欲しいんです。ああいうものを見れば、どんな人かは大体わかりますから」

私は、「わかりました。ブログもツイッターもm・i・x・iもやっているので、全部のトップページを印刷して送ります」と答えつつ、小泉はこのまま取材を受けてくれそうだと予感した。私は当時、m・i・x・iのトップページに、飼っている柴犬が子犬だった頃の写真をアップしていたからだ。

案の定、言われた通りのものを送ったうえで後日、2度目に面会に訪ねた際には、小泉は顔全体を赤らめ、目尻を大きく下げて、「賢そうなワンちゃんですね」と私の飼い犬を褒めてくれた。

こうして小泉毅との面会や手紙のやりとりが始まった。

生まれ変われると思っているんです

私は最初の面会の際、小泉が語る「チロの仇討ち」という犯行動機はやはり本当なのだろうとの心証を抱いた。だが、色々わからないこともあった。

たとえば、犯行後に自首をした理由だ。犯行内容からすると、警察に捕まれば、小泉は死刑になるほかない。小泉もそれはわかっていたはずである。それにもかかわらず、なぜ自首をし

上 告 趣 意 書

（主 文） 私は、無罪である。
（理 由） 私が殺したのは、人ではなく、心の中が邪悪なマモノである。

人間は、自分たちがやった、“善”なる部分だけに、スポットライトをあて言葉で飾りたて、“だから、人間は、すばらしい！”と、自画自賛しているが、実際、やっていることは、“悪魔そのもの”では、ないか!!!

この国は、罪なき弱い生き物を、まだ、殺し足りんのか！
尊い命を、あと、いくつ、奪えば、気が済むんか！
私の命が、欲しければ、くれてやる!!!
だから、国は、もう、これ以上、むごい悪行を、続けるな！
邪悪で、凶悪な国家犯罪は、もう、やめろ！
罪なき、犬たち、猫たちを、身勝手に、理不尽に、残虐に、
　いじめて！痛めつけて！苦しめて！殺しまくるのは、もう、やめろ！
人間のエゴで、無益な殺生は、するな！
尊い命は、生ゴミでは、ない!!!

ペット虐殺行政は、明らかに、邪悪で、凶悪な国家犯罪である！この国では、この凶悪な国家犯罪を正当化するために“住民の後始末をしているだけだ”と、言ってみたり、犬や猫が、炭酸ガスにより、のたうち回りながら、もだえ苦しみながら、非常に苦しんで、口から泡を吹いて、死んでいっていることを知っているくせに、国民に対しては、“苦しまずに死んだ！安楽死だ！”と、平気でウソをつき続けている！しかも、いたいけな、子犬や子猫までも、保護と言いながら、里親を探す努力もせずに、一律、3日間で、無慈悲に、虐殺している！

　こんな身勝手で、理不尽なことを、これからも、永遠に、ずっと、続けるのか！これが、この国が、2700年、掛けて、到達した、この国の理性なのか！道徳なのか！

　私には、こんな身勝手で、理不尽な、やり方、考え方が、ガマンできない！私のDNAが、許さない！私の体を作る、60兆個の細胞、1つ1つが、“邪悪で、凶悪な、マモノを許すな！”と、私の魂に、要求する！

ペットたちを、毎日、毎日、大虐殺している、この国は、“平和だ！”と、言えるのか！
子犬や子猫までも、虐殺している、無慈悲な、この国は、“幸福だ！”と、言えるのか！
こんな理不尽、極まりないことを、し続け、自分たちさえ、豊かな生活、便利な生活が、送れれば、それで、良いのか！

（1/3）

小泉が最高裁に提出した自作の上告趣意書。3行目以下は全部、赤い字だった

たのか。

2度目の面会の際、私がその点を質問すると、小泉はこう答えた。

「私がマモノを殺したのは、あくまでチロちゃんの仇討ですが、日本では、ほかにも何の罪もない犬や猫が毎日大量に保健所で虐殺されています。私は、裁判で無罪を主張することで、苦しみながら殺された何百万、何千万頭の犬たち、猫たちの代弁者となり、〝ペット虐殺行政〟を批判しようと考えたんです」

日本では、飼い主が何らかの理由で飼えなくなるなどした犬や猫が毎年、全国各地の保健所で大量に殺処分にされているのは、広く知られるところだ。環境省の統計によると、小泉が事件を起こした2008年度に殺処分にされた犬と猫の総数は、27万6212頭に及んでいた。小泉はこうした現状を裁判で批判するため、文字通り生命を捨てる覚悟で自首をしたというわけだ。

「小泉さんは、死刑が怖くないのですか」と率直に尋ねたところ、予測不能な答えが返ってきた。

「死刑がまったく怖くないと言ったら嘘になりますが、私は生まれ変われると思っているんです。そして、生まれ変わったら、またマモノを次々に殺すつもりなんですよ」

「生まれ変われる、ですか……」と戸惑う私に対し、小泉は言った。

「片岡さんは、『超ひも理論』を知っていますか」

「聞いたことがあるような気もしますが……詳しいことは何も知らないですね」

「『超ひも理論』というのは、宇宙が10次元であるという物理学の概念です。それを勉強していて、私は死んだあと、生まれ変われることがわかったんです。ですから、死刑は怖いですが、

『死ぬこと』が怖いのではなく、『変化すること』が怖いという感覚なんです」

そう説明してもらっても私はまったく理解できなかったが、小泉は「詳しいことはまた手紙に書きます」と言い、実際に後日届いた手紙でこう説明してくれていた（以下、〈〉内は引用）。

〈我々1人1人の存在、分子1つ1つの存在、原子1コ1コの存在、クォークやレプトン1コ1コの存在は、我々の住む宇宙よりもはるかに大きなもの、即ち、我々の宇宙が漂っている無限に広がる次元という大きな海の中のどこかに常に記録されていると、私は考えています。だから、この記録されているものを我々の宇宙にダウンロードすれば、私は生まれ変わることができるのです〉

（2013年5月5日消印の手紙より）

会ってみると、ますます不思議な人物に思えた小泉毅。彼はどんな人生を歩んできたのだろうか。

人生で一番楽しかった時期

アメリカとソ連が核戦争寸前まで達したキューバ危機があり、中尾ミエの「可愛いベイビー」が大ヒットした1962年の1月。小泉は瀬戸内海沿岸の小都市、山口県柳井市で生まれた。実家は両親と3つ下の妹がいる4人家族で、お菓子やパン、アイスクリーム、果物を販売する商店を営んでいた。

柳井を訪ねて取材したところ、子ども時分の小泉を知る人たちは、「いい子だった」「頭が良かった」と口を揃えた。小泉の両親を悪く言う人もおらず、とくに父親は、「元気な商売人で、よく冗談を言う人だった」「家の前の道で通学時間はずっと交通整理をしていた」などと評判がすこぶる良かった。

小泉によると、チロは小学校6年生だった年の5月に家に来たそうだが、その時の記憶は曖昧だ。

〈チロちゃんはオヤジが知人からもらってきたか、野良犬を拾ってきたのだと私はずっと思っていましたが、妹の調書によれば、妹が拾ってきたと言っているので、そうかもしれません〉

（2014年5月20日消印の手紙より）

一方、チロがどういう犬だったかについては、小泉は手紙に詳しく思い出を書いてきた。

〈大変賢く、すぐに〝おて〟〝おかわり〟〝ふせ〟を覚え、そして、よく笑う犬でした〉

（同前）

〈家の近所には、空き地があり、そこで私とチロちゃんは、ボールを使って遊んでいました。最初はいつも、私が投げた

小泉の故郷の柳井。緑が多く、穏やかな雰囲気だった

ボールをチロちゃんは素直に持ってくるのですが、2人とも段々と相手にボールを渡さなくなり、最後はいつもチロちゃんがボールを口にくわえて遠くへ逃げて行って、鬼ごっこ状態になりました。これが大変おもしろかった、楽しかったです〉（同前）

〈チロちゃんの体を優しくかいて上げると、チロちゃんは気持ちいいのか、足を動かしながら笑った顔つきになるので、私はその笑顔が好きでした〉（同前）

小泉は、チロと一緒に過ごした約1年が「人生で一番楽しかった時期」だったという。

絶対に仕返ししてやる！

先述したように、小泉によると、チロは妹が空き地で放していたら、野良犬と間違われ、保健所に連れて行かれたとのことだったが、なぜ、殺処分になる前に助けられなかったのか。その点を疑問に思い、チロが保健所に連れて行かれたあとのことについて、小泉に改めて手紙で説明してもらった。小泉によると、父親と一緒に「柳井の保健所」にチロを迎えに行くと、「女の事ム員」が出てきたという。

〈女の事ム員はにこやかな顔で、〝柳井で捕まえた犬は岩国へ連れて行くので、ここにはいません。捕まえた犬は、1週間は殺さないので、安心してください。今日は金曜日なので、月曜日に岩国の保健所へ電話をしてから、犬を迎えに行ってください。〟と言いました〉（同前）

では、「1週間は殺さないので、安心してください」と言われたチロがなぜ殺されてしまったのか。

〈私は、月曜日から学校があったので、チロちゃんを迎えに行けなかったのですが、たぶんオヤジが一人で月曜日に岩国へ迎えに行ったと思います。しかしチロちゃんは、既に殺されていました。私はこの事を聞いた瞬間から実は記憶がありません。次の記憶は暗い部屋の中で一人で泣いている記憶です。そしてまた記憶が途切れ、次の記憶は夜、チロちゃんの寝床であったダンボール箱の中から、チロちゃんの毛を〝絶対に許さない！　絶対に仕返ししてやる！〟と心の中で叫びながら、拾い集め、ズボンのポケットの中にしまった記憶です！〉（同前）

手紙の文面から、12歳の小泉がチロの死に強いショックを受けたことが伝わってくる。ただ、小泉自身も当時は子どもだったためか、「一週間は殺さないので、安心してください」と言われていたチロがなぜ殺されたのかはわかっていないようである。そもそも、柳井で捕まえられた犬がなぜ、柳井の保健所から柳井の隣の市である岩国の保健所に連れていかれたのかも不明だ。

「柳井の保健所」こと柳井環境保健所に電話で事実関係を問い合わせたところ、職員はこう語った。

「その方（小泉）の犬がどういう経緯で殺処分になったかは、その事件が起きた２００８年頃も色々調べたのですが、資料も残っておらず、わからなかったんです。なにぶん昔のことですから……」

私が柳井を訪ねたのは２０１４年の夏だが、事実関係を知る小泉の父親はこの時点ですでに亡くなっていた。それでも、母親から事実関係を聞かせてもらえる可能性はゼロでないと思い、小泉の実家を訪ねてみたが、母親は玄関口で「話すことはないです」とだけ言い、奥に引っ込んでいった。

仇討ちが人生の目標に

小泉が最初に仇討ちを考えたのは中学時代だった。東京拘置所の面会室で、小泉はこう話した。

「保健所の殺しを正当化しているのは、厚生省が所管する狂犬病予防法だと社会の授業で習ったので、厚生省のトップを殺せば、チロちゃんの仇討になると考えるようになったんです。ただ、当時の私は、厚生省のトップは厚生事務次官ではなく、厚生大臣だと思っていました。また、実際に仇討ちをする覚悟はまだ決まっていませんでした」

中学時代、心に芽生えた仇討への思い。それが人生の目標になったのは、県立柳井高校に進学後だ。

「チロちゃんが殺された頃の私は小さかったので、柳井の保健所の場所を覚えていませんでしたが、高校入学後、正門前にある2階建ての白い建物がそれだとわかったんです。私はいつも登下校時にその建物を見て、怒りと憎しみ、殺意を心に刻み込みました。そして、仇討ちを本格的に考え始めたんです」

ただ、仇討をすれば自分は死刑になり、両親や妹にも辛い思いをさせてしまう。小泉はそう考え、まだ悩んでいた。覚悟が

右は柳井高校。左は、同校の正門からすぐの場所にある保健所（正式名称は、柳井環境保健所）

決まったのは、高2の時の「ある出来事」がきっかけだ。

「下校していた時、保健所で殺されそうになっている犬たちを目撃したんです。保健所の敷地内に止められたライトバンの荷台に檻が積まれ、犬たちはその中に入れられていたんですが、みんな助けを求めるように大きな声で吠えていました。私はその現場を目撃しながら何もできず、自責の念にかられて苦しんだ末、チロちゃんの仇討ちは絶対に果たさないといけないと決意するに至ったんです」

私は柳井を訪ねた際、保健所の場所も確認したが、たしかに柳井高校の正門を出て、すぐの場所にあった。もしも、小泉がこの高校に進学しなければ、あるいは、保健所が別の場所にあったならば、あの事件は起きなかったかもしれない。

小泉は高校卒業後、国立の佐賀大学理工学部に進学したが、中退したことは前記した。それが挫折の始まりだったように報じたマスコミもあったが、小泉はその見方を否定した。

「私は元々、大学を卒業するつもりはなかったんです。そもそも、高3の頃は卒業後の進路として、大学に行かずに自衛隊に入り、仇討ちのための技術を身に着けることも考えたくらいです。アインシュタインの相対性理論の本を読み、この分野の勉強をもっとしたいと思ったので、結局は大学に進学しましたが、大学では興味のない授業は出席せず、図書館で独自に相対性理論を勉強したり、大学にあった大型コンピューターにはまったりしました。そして留年を繰り返し、6年で中退したんです」

そんな大学生活について、小泉は「好きなことを好きなだけやれましたし、友だちにも恵まれましたし、良い思い出ばかりです」と振り返る。

「仇討ちのターゲットを厚生大臣から厚生事務次官に変えたのも大学時代です。そのようにターゲットを変えたのは、日本の支配者は政治家ではなく官僚だと本か何かで知ったためでした。そして、50歳まで普通に生き、人生にやり残したことがない状態にして仇討ちを決行すると決めたんです」

小泉は大学中退後、東京のソフトウェア会社を皮切りに、いくつかの会社でシステムエンジニアやプログラマーとして勤務した。それから柳井の実家に帰り、父親が当時やっていたアイスクリームの卸しの仕事を手伝ったが、それは、「仇討をする前に、少しは親孝行もしておきたい」と思ったからだった。

小泉はその後、父親の紹介で別のアイスクリームの卸しの会社に入り、その会社の広島市にある本社や小郡町（現在は山口市）の営業所でも働いた。仕事は、車で小売店にアイスクリームを搬送することだった。このように職を転々とした時代についても、小泉は「色々な人が親切にしてくれました。やはり良い思い出しかありません」と振り返った。

そして、1998年、36歳になった小泉はチロの仇討ちのため、再び上京する。「仇討」を決行すると決めた50歳まではまだ14年あったが、早めに上京したのは次のような理由からだ。

「日本では、大きな事件が起きると、犯人本人だけでなく、その家族も社会の批判にさらされます。そうなるのを少しでも避けるため、家族との関係を薄くしておこうと考えたんです」

実際、小泉はこれ以降、事件を起こすまで10年間に渡り、家族と一切連絡をとっていない。

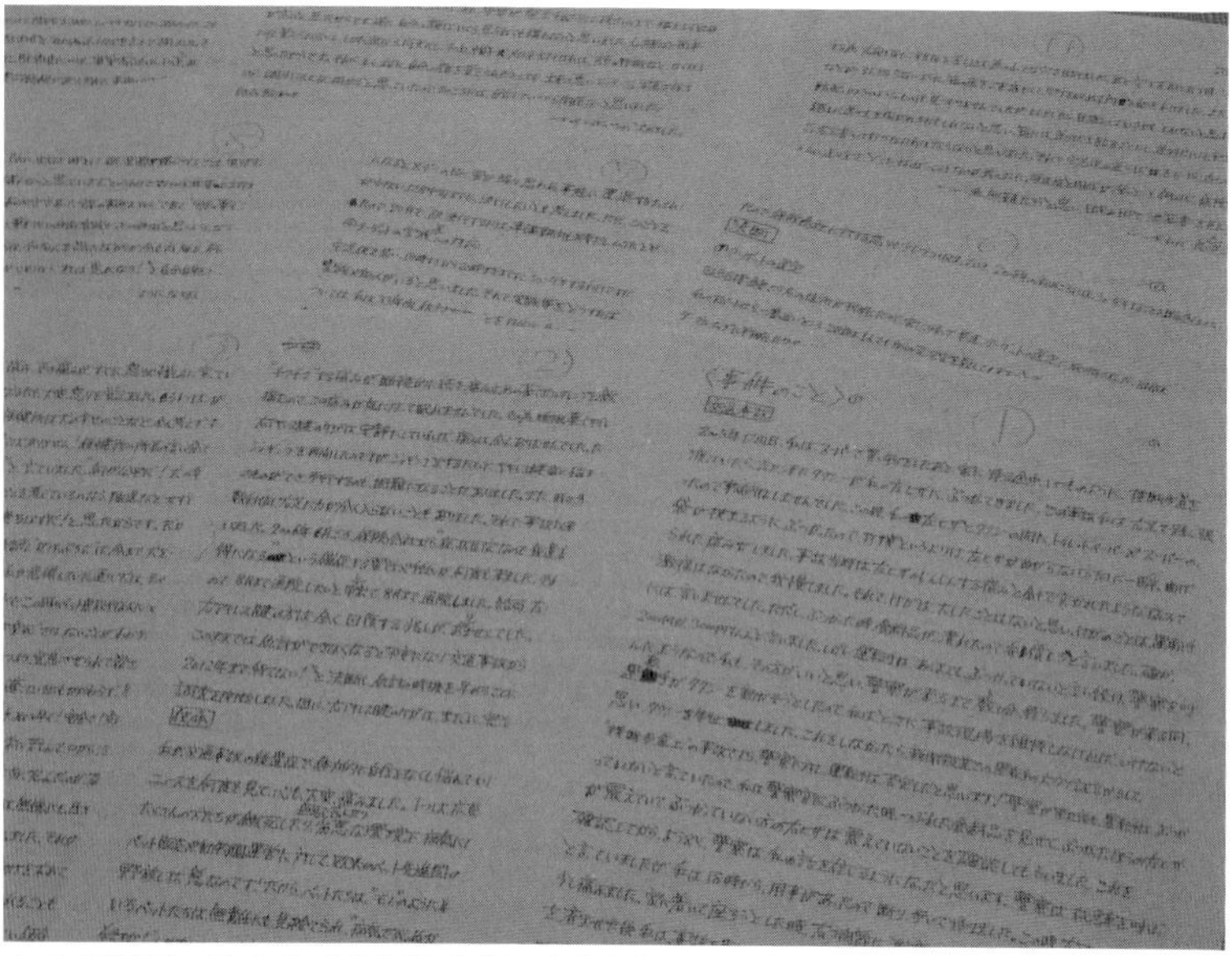

小泉が犯行に及ぶまでの経緯を綴った「事件のこと」と題する手記

「もっと強く！ もっと速く！」

36歳で上京して以降の日々について、小泉は獄中で「事件のこと」と題する手記を綴っている。以下、主にこの便せん39枚の手記に基づいて、小泉が「仇討ち」を決行するまでの過程を見ていこう。

小泉は上京後、埼玉県大宮市（現在はさいたま市）のソフトウェア会社に就職した。会社では、携帯電話のプログラムをつくる仕事をしていたが、3年ほどで辞めている。その後は、貯金を元手にインターネットで株式投資をするなどして暮らしつつ、仇討ちのために筋トレやジョギングに励んだ。

仇討ちの決行は「50歳になってから」と決めていたが、実際に決行したのは46歳の時だ。予定を変更したきっかけは43歳だった2005年12月、タクシーに接触された事故で左ヒザと右アキレス腱を負傷し、病院に八ヶ月ほど通院したことだという。

〈結局、左ヒザの痛みはだいぶ良くなりましたが、右アキレス腱の方は全く回復する兆しがありませんでした。それで、段々と体力に自信をなくしていき、このままでは仇討ができなくなると不安になり、交通事故から1年経った2006年12月、〞50歳になる2012年まで待てない！〟と決断し、仇討の時機を早めることにしました〉（「事件のこと」より）

そう決めた小泉は、準備に動いた。まず、国立国会図書館で10数冊の本や住宅地図を閲覧し、7名の元厚生事務次官の住所を突き止めた。そして、現地の下見などを経て、7人のうち、山口剛彦さん、吉原健二さん、曾根田郁夫さんの3人の自宅を襲撃すると決めた。

さらに、準備を進める中、元厚生官僚で社会保険庁長官も務めた最高裁の横尾和子判事もターゲットに加えた。きっかけはインターネットを見ていて、横尾判事が社会保険庁長官時代、横領した職員を刑事告発しなかったのを知ったことだ。〈そんなモラルも正義感もないヤツが最高裁判事になっている！〉（同前）と憤慨し、〈どうせ、仇討すれば、死刑になるのだから！〉（同前）と考えたのだ。

こうして小泉の襲撃スケジュールは、最終的に以下のようになった。

【1日目】山口剛彦さん宅
【2日目】吉原健二さん宅、曾根田郁夫さん宅
【3日目】横尾和子判事宅

なお、実際には、曾根田さんはすでに1997年に亡くなっていた。小泉は、住所を突き止

めた元厚生事務次官たちについて、訃報の情報を集めた「訃報ドットコム」というサイトで名前を検索し、存命かどうかを確認したが、曾根田さんの名前はヒットしなかったため、存命だと誤認したという。

小泉は襲撃方法も色々考えた末、ターゲットが在宅しているだろう午後6時過ぎから午後8時過ぎの間に、宅配便の配達員を装って襲撃すると決めた。そして、武器の包丁、反撃から身を守るための防刃手袋、宅配便の配達員を装う衣類、段ボール箱など襲撃に必要な物品も着々と買い揃えた。

しかし、悩みもあったという。

〈宅急便を装い、18時すぎから20時すぎまでにシューゲキするわけですから、家には当然、ターゲット以外にも家族や知人がいると思いました（……中略……）ターゲットを殺すことには、何の抵抗もありませんでしたが、それ以外を殺すことには、大変抵抗がありました〉（同前）

迷いが吹っ切れたきっかけは、２００７年に防衛省の元事務次官、守屋武昌が妻と共に収賄容疑で検挙された事件だ。小泉がこの事件に関するテレビの報道を観ていると、守屋の妻が贈賄側の防衛専門商社「山田洋行」から、夫以上に派手に接待を受けていたように伝えられていた。

〈〝守屋の妻も相当な悪党だな！〟と思いました。それで、夫がマモノだと、妻もマモノの仲間、家族もマモノの仲間と思うようになり、〝こんなことで悩んでいたら仇討ちなんてできやしない！　やつらはチロちゃんを殺したばかりか、今も尚、毎日、何の罪もない犬や猫を好き勝手に大虐殺しているんだぞ！　やつらがマモノなら、オレは鬼になる！〟と自分自身を叱咤激励

し、割り切ることにしました。そして、マモノと一緒にいるやつらを〝ザコ〟と呼ぶようになりました〉（同前）

鬼になると決めた小泉は、宅配便を装ってターゲットの自宅を訪ねた時、玄関から誰が出て来ても冷静に刺せるように、子どもが出て来た場合や女性が出て来た場合など様々な想定をし、頭の中でシュミレーションを重ねた。また、技術的な訓練も入念に行なった。ナイフや包丁を使った素振りである。

〈刺す動作については、毎日最低でも一時間は訓練しました。そして、刺す訓練の時は、毎回心の中で、〝もっと強く！　もっと速く！　もっと強く！　もっと速く！〟（クレイモア？　というアニメの主人公クレア？　が圧倒的な力を持つ敵と対峙した時のように）と叫びながら、訓練しました〉（同前）

このように着々と仇討の準備を進めた小泉だが、時々、迷うこともあった。

〈たまに〝オレは何をやっているのだろう⁉〟と自分のやっていることに、正直、ギ問を感じたこともありましたが、その時には、いつも〝チロちゃんの無念の思い〟や〝チロちゃんと同じように虐殺された多くの犬たち、猫たちの無念の思い〟、そして、〝私が34年間、想い続けてきた仇討がもうすぐ実現できるのだという思い〟をバネに、自分自身を叱咤激励してガンバリ抜きました。また、その年はオリンピックイヤーで、ボルトが１００ｍで驚異的な新記録を作ったのを見て、〝ガンバレば、必ず夢はかなうのだ！〟と思い、ボルトの活躍は、私にとって大いに励みになりました〉（同前）

さらに、小泉は襲撃のXデーを検討し、１日目を11月17日にすると決めた。ターゲットが飲みに行ったり、旅行に行ったりする可能性が低そうな「連休がない週の月曜日」が良いと考えて探したところ、11月17日が該当したのだ。さらに2日目を同18日、3日目を同19日に決めたという。

そして、小泉が準備の最後に行なったのは、自分の逃げ場をなくすことだった。

〈自分自身、本当に仇討できるのか⁉　と一抹の不安を持っていたので、自分自身の退路を断ち切ることにしました。つまり、具体的には、金は全て使い、銀行ローンは借りられるだけ借りる、不必要な家財は全て処分することにしたのです〉（同前）

小泉は前記のタクシーとの接触事故で130万円の示談金を得ていたが、これを株投機につぎこみ、100万円以上の損失を出した。銀行にも約500万円の借金をした。家財道具も捨てたり、リサイクルショップに引き取ってもらったりしたという。

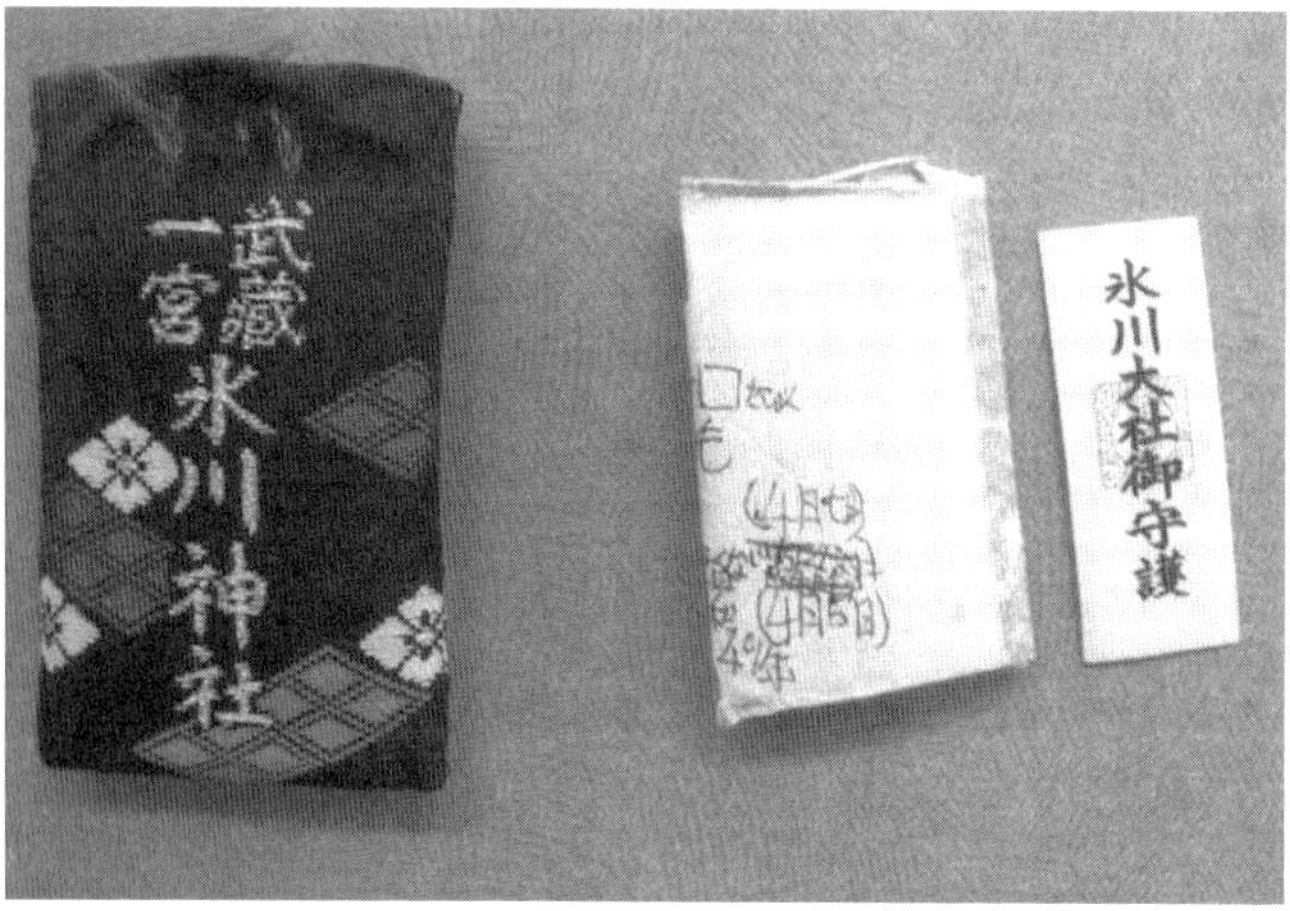

小泉が犯行時に持参していたお守り。中央の黄ばんだ紙にチロの毛と写真を入れていた（小泉毅氏提供）

小泉が逮捕された当初には、生活苦への不満が犯行動機につながったのではないかと勘繰る報道もあったが、財産がなく、多額の借金を抱えた状態は小泉が自ら意図的に作り出していたのだ。

準備が全部整ったXデー前日の11月16日の夜。小泉は、白い紙に包んで保管していたチロの毛とチロの写真を入れたお守りを首から下げ、両手で握りしめ、チロに話しかけながら眠りについた。

〈明日はガンバルよ！　チロちゃんも応援してね！〉（同前）

3日間の内実

襲撃1日目の11月17日、小泉は午後5時30分頃、自宅アパートを出発し、レンタカーで山口さん宅に向かった。そして、午後6時30分頃、山口さん宅近くのコインランドリーの駐車場に車を停め、山口さん宅に明かりが点いているのを確認すると、襲撃の予定時間まで車の中で待機した。

〈私はカーナビでラジオを聞きながら、首からぶら下げたチロちゃんのお守りを握りしめ、自分の不安な気持ちを払拭するように、〝今からお前の仇をとってやるからね！　ガンバルからね！　チロちゃんも応援してね！　チロちゃんの勇気をオレに少し分けてくれる！〟などと、チロちゃんに話しかけながら、待ちました。そして、予定の18時50分が来ました。ついに、その時が来たのです！　私はシューゲキ用の服に着替え、メガネを掛け、帽子をかぶり、防刃手袋をはめ、〝34年間、思い続けてきた事がやっと実行できるのだ！〟と思いながら、山口宛の

ダンボール箱を持って、車から降りました〉

そして、小泉は山口さん宅まで歩いて行き、宅配便の配達員を装って玄関のチャイムを押した――。（同前）

＊　＊　＊

以上が、小泉が36歳で上京後、事件を起こすまでの経緯だ。そして、小泉はこの日に山口さん宅を襲撃し、翌18日に吉原さん宅を襲撃したのち、同22日に警視庁本庁に出頭し、自首している。ここで疑問なのは、予定していた曾根田さん宅と横尾判事宅への襲撃を取りやめた理由である。

結論から言うと、吉原さんの妻・靖子さんが瀕死の重傷を負いながら、逃げ延びたことが小泉の計画に狂いを生じさせたのだ。面会した際、小泉はその時のことについて、こう語った。

「私は吉原の妻に命乞いをされ、心の中が混乱し、呆然と立ち尽くしてしまったんです。その隙をつかれて吉原の妻に外に逃げられ、大きな声で助けを求められてしまったので、私はその場から立ち去るしかありませんでした。私は、どんな状況でも邪魔なザコを殺せるように自分自身をマインドコントロールしたつもりでしたが、結局、鬼の魂を完全に自分のものにできなかったんです」

小泉は吉原さん宅を出て、乗ってきた車を停めた駐車場に向かって歩きながらこう考えた。

「これで、厚生事務次官を狙ったことが警察にばれたと思いました。それで、曾根田を狙うという次の予定を変更し、3日目に狙う予定だった横尾の家に向かったんです」

先述したように曾根田さんは1997年に逝去していたが、小泉が曾根田さん宅を襲撃していれば、家族が犠牲になった可能性がある。靖子さんは小泉から逃げ延びたことにより、曾根田さんの家族も救ったのかもしれない。

そして、結局、小泉は横尾判事宅の襲撃も断念した。

「横尾の家の近くのセブンイレブンに車を停め、カーナビでラジオを聴いていると、吉原の妻が『犯人は宅配便を装っていた』と話していると報道されていて、『宅配便を装うのはもうダメだな』と思いました。その後、ネットカフェに泊まったのですが、テレビで事件のことを『年金テロ』と言っていて、ネットニュースでは横尾が社会保険庁長官として事件についてコメントしていたので、『ますます横尾を狙いにくくなったな』と思いました。そして、翌朝、横尾の家の近くまで行ってみましたが、横尾の家の周辺は静かで、警察が中にいるのではないかと思い、結局そのままアパートに帰ったんです」

マスコミがこの事件を「年金テロ」だと報じたのは間違いだった。しかし、その間違った報道が結果的に横尾判事やその家族の生命を救った可能性がある。

小泉は仇討ちをまだ続けたいと思いつつ、そのためのアイディアも思いつかず、自首をすることにした。そして、同22日、柳井の両親に直接真実を伝えるために書いた手紙を郵便局から配達記録付きの速達で出したうえ、10年ぶりに実家に電話した。電話に出た父親に、「明日の昼頃、手紙が届くから見ておいてくれる？」と異常を悟られないように明るい声で伝えると、父親は「よし、わかった」と言っていたという。小泉が警視庁本部に出頭したのは、その約3時間後のことだった。

動物愛護家の弁護士

「一、二審では、弁護人は小泉さんが精神障害だという弁護活動をしていましたが、私が実際に会ってみて、小泉さんが〝おかしい〟という感じはしなかったですね」

2014年1月上旬、茨城県つくば市。上告審から小泉の弁護人となった弁護士の坂本博之は、経営する法律事務所で実際に会った小泉の印象をそう語った。

坂本は、小泉が支援者たちに見つけてきてもらった「動物愛護家の弁護士」だ。妻と共に設立したNPO法人「動物愛護を考える茨城県民ネットワーク（CAPIN）」の理事を務めている。口や顎、頬にひげをたくわえた柔和な人物である。

小泉は裁判所に対し、国選弁護人を解任し、坂本を国選弁護人に選任し直すように繰り返し求めていたが、結局、認められなかった。しかし、坂本は私選弁護人として小泉の弁護を引き受けたのだ。

ちなみに、国選弁護人を付された被告人が私選弁護人を選任すれば、裁判所は通常、国選弁護人を解任するが、小泉の上告審は最高裁がそうせず、私選と国選の弁護人が併存する異例の形になった。

小泉の裁判の大きな争点は、犯行動機だった。坂本はその点について、こう説明してくれた。

「検察官の主張によると、チロちゃんの仇討ちという動機は、小泉さんが『自分は純粋な気持ちを持っている』と脚色するために作り上げた虚構だと言うんです。自首したのも自己顕示のためだろう、と。しかし、私が小泉さんと会って話してみると、やはりチロちゃんのことを大切に思っていて、動機はチロちゃんの仇討ちだというのは本当だと思いました。小泉さんの場合、自首したら死刑になるのは目に見えていましたから、目立ちたいからというだけで自首するなんてこともありえないでしょう」

小泉が語る「チロの仇討」という犯行動機について、一審判決は〈了解は可能〉と認めたが、控訴審判決は〈口実として脚色された疑いが強く〉などと否定していた。坂本はこう言う。

「控訴審判決の認定は、起訴前に行なわれた精神鑑定の結果に基づいています。しかし、この鑑定書にはおかしなことが書いてあるんです。というのも、鑑定医は、小泉さんに『動物愛護の管轄は環境省ですよ。相手を間違えたのでは？』と問いかけたら、小泉さんが『いや、厚生省のはずだ』と答えたから、『被告人は殺す相手は誰でもよかったんだろう』と結論づけている。しかし、実際には、犬を殺処分にできることを定めているのは昔も今も、環境省が所管する動物愛護法ではなく、厚生省が所管する狂犬予防法です。つまり、本当は小泉さんの言っていることが正しく、間違っているのは鑑定医です。にもかかわらず、間違った事実認識を前提にした鑑定医の意見をもとに、控訴審判決では、小泉さんが語るチロちゃんの仇討ちという動機を否定しているんです」

実は私自身、犬の殺処分の管轄は厚生省ではなく、環境省なのではないかと疑問を感じたことがあった。犬の殺処分に関する統計を発表しているのが環境省だからだ。

しかし、坂本によると、環境省が所管する動物愛護法では、〈動物を殺さなければならない場合には、できる限りその動物に苦痛を与えない方法によつてしなければならない〉（第四〇条第一項）と定められているものの、肝心の〈動物を殺さなければならない場合〉とはどういう場合のことを言うのかが定められていない。一方、厚生労働省が所管する狂犬病予防法は、〈人命に危険があつて緊急やむを得ないときは、殺すことを妨げない〉（第九条第一項）と一定の場合に限り、動物の殺処分を認めている。そして、狂犬病予防法以外では、犬の殺処分に法的根拠を与える法律は存在しないという。

「殺処分は仮に合法としても殺し方に問題があります。今は狭いガス室に閉じ込め、二酸化炭素を注入して窒息死させていて、動物たちは死ぬまでに時間もかかり、著しい苦しみを強いられます。以前は、犬は撲殺し、猫は水の中に入れて殺していたので、チロちゃんもバットで撲殺されたのだと思います」

坂本が小泉と面会した際、そんな話を聞かせると、小泉は改めて怒っていたという。

「私の裁判での主張は大きく2つあり、1つは精神鑑定をやるべきだという主張です。小泉さんに精神障害の疑いがあるからではなく、誤った精神鑑定をもとに犯行動機が認定されているので、審理を高裁に差し戻し、もう一度精神鑑定をやって審理をやり直すべきだということです。

もう1つは、絞首刑は、憲法が禁じた公務員による残虐な刑罰にあたるという主張です。判例を見ると、どの死刑判決も死刑が残虐な刑罰にあたらないと言うのに、1948年の最高裁大法廷の判決を根拠にしています。しかし、1948年は南京大虐殺や七三一部隊の人体実験があったような時代です。そういう時代では、絞首刑は当たり前かもしれないけど、今は違いますよ、ということです」

坂本の話はわかりやすかった。死刑という結果が変わることはないにしても、犯行動機や精神鑑定に関する主張については、裁判所は耳を傾けるべきではないかと思われた。

しかし、この5ヶ月後、最高裁第二小法廷は、「犯行の経緯、動機は独善的で酌量の余地がない」として小泉の上告を棄却する判決を宣告し、死刑を事実上確定させた。その判決中に、坂本の2つの主張に関する言及は一切なかった。

小泉さんは革命者

さて、ここまでの話を読み、あなたは小泉の人生を決して幸福だとは思っていないはずである。むしろ、不幸な人生だとか、空しい人生だと思ったはずだ。しかし、小泉の物語には、まだ続きがある。

２０１４年6月13日、最高裁第二小法廷が小泉の上告を棄却する判決を宣告した日のことだ。私は判決公判を傍聴し、閉廷後に最高裁の南門から庁舎の外に出たところで、公判中に傍聴席で見かけた10人前後の女性たちが輪になり、何か話しているのが目に留まった。その一団に近づき、様子を窺ってみると、女性たちは「あれだけで終わりって酷くない？」「人の生命を奪うのに、あんな簡単に終わるんだね」などと、ものの数分で終わった小泉の判決公判に不満を述べていた。彼女たちがどういう人たちなのか、私はすぐにわかった――。

「小泉さんを支援されている方々ですか？」と声をかけてみたところ、１人の女性が、「そうですが……」と反応してくれた。そこで私は、自分が小泉に取材させてもらっているライターだと説明し、少し話を聞かせてもらえないかと頼んでみたのだが、その女性は「小泉さんは本当に素晴らしい人です」と言うと、すでに潤んでいた両目から涙をあふれさせた。そして、ハンカチで目をぬぐいながら、日本の動物愛護の現状が他の先進国に大きく遅れていることを切々と訴え、こんなことを言うのである。

「私は小泉さんのことを革命者だと思っています。小泉さんの革命により、いつか日本にも海外にあるような本格的なアニマルシェルター（飼い主に捨てられた動物を保護し、新たな飼い主を見つけるための施設）ができたら、私は『小泉館』と名付けるべきだと思います」

小泉にここまで共感する人がいたのか……と驚いた。私は小泉から動物愛護家の支援者たちがいると聞いても、チロが殺処分になった悲しみに寄り添ってくれる人たちがいる程度のことだと思っていた。小泉を「革命者」と呼ぶ彼女はその域を大きく超え、小泉の殺人すら肯定しているように思えた。

と、その場にいた別の支援者の女性がこんなことを言ってきた。

「小泉さんの減刑を求める署名は、手書きとネットで１５００筆くらい集まったんですよ」

私は、言葉を失った。


帰宅後、小泉の支援者たちが減刑を求める署名集めに使ったという署名収集サイト「Ｃｈａｎｇｅ．ｏｒｇ」にパソコンでアクセスした。そこには、署名した人たちがこんなコメントを残していた。

〈私もこの人の立場になれば同じことをするかも分かりません。強く減刑を望みます〉

〈小泉氏の経験と同じことが私の犬猫に起こったら、私もきっと同じことをしたい。実行はできないだろうけれど、できるものならしてやりたい。多くの日本人がそう思っていることを、

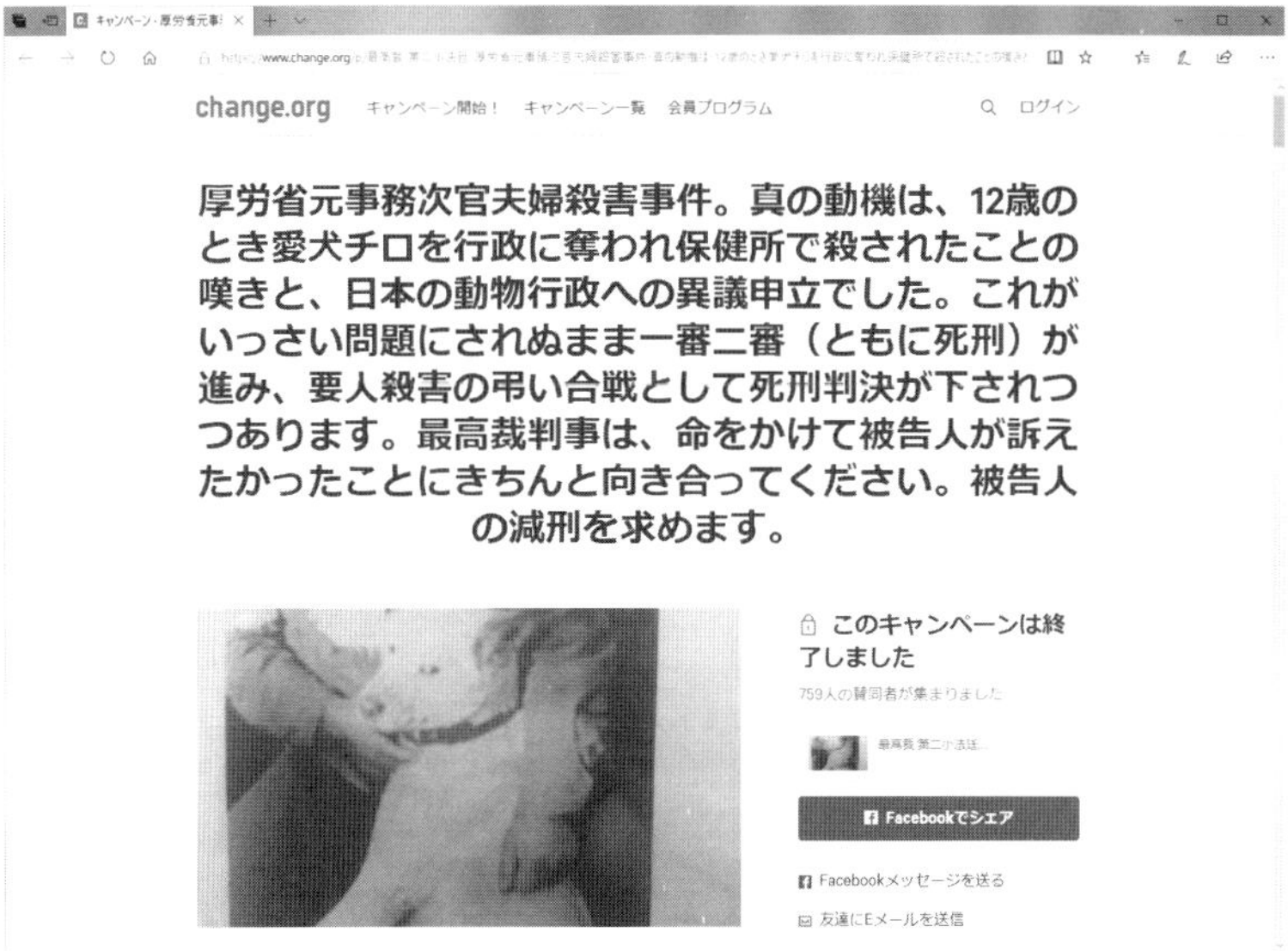

支援者たちは署名収集サイトも使い、小泉の減刑を呼びかけていた。写真の犬がチロ

この意見が無視できるものではないことを、ちゃんと理解して裁判を行って欲しい〉

〈小泉被告の減刑を求めます。保健所等ペット行政の改善を求めます。安楽死を導入してください〉

〈家族同然で動物と暮らしている人たちにとっては、人間の命だけが尊いわけではない。被告の真の動機を捻じ曲げてはならない〉

〈執行猶予をつけよ〉

このように、小泉に強い共感を示している人たちは、社会全体から見れば極めて少数派だとは思う。しかし、そうだとしても、小泉と善悪の基準を同じくする人たちが日本社会に一定程度存在することは動かしがたい事実であるようだ。私は、これらのコメントを見ながら、小泉が前

掲の「事件のこと」と題する手記の最後に、自分の人生を総括するような文章を綴っていたのを思い出していた。

〈私の人生は、一言でいって、幸せでした。さいたまにいた10年間を省けば、私はいつも色々な方から優しくされ、助けられて生きてきました。そして、さいたまにいた10年間も、人生に後悔や未練を残さない為に、やりたい事を好きなだけ、やってきたので、大変満足しています。だから、チロちゃんのことを省けば、ある意味、サラリーマンの人生よりは良い人生だったと思います。多くの人が自分の人生の夢や目的を前にして挫折し、何もできずに一生を終えていく中、私が自分の人生の目的を実行できた事は大変うれしく思います〉
（「事件のこと」より）

日本では、死刑が確定した者は通常、親族や再審請求のための弁護人、教誨師などごく一部の人以外とは、面会や手紙のやりとりを許されない。小泉も上告棄却の判決からしばらくして、東京拘置所で死刑確定者の処遇になり、私は小泉と面会や手紙のやりとりができなくなった。だが、小泉は今も幸せな気持ちで過ごしていると思う。

「生まれ変わったら、
またマモノを次々に殺すつもりなんですよ」
（小泉毅）

最高裁で行なわれる死刑事件の裁判は一見の価値あり

小泉殺の項の最後に、最高裁で小泉の判決公判を傍聴したことをさらりと書いたが、最高裁は通常、書面のみで審理を行ない、公開裁判をほとんど行なっていないことは意外に知られていない。

最高裁が公開の法廷で裁判を行なうのは、次の2つの場合に限られる。

1つ目は、書面審理により控訴審までの結果を見直す必要性を見出した場合だ。最高裁はその場合、当事者の意見を聞く弁論を開いたうえで判決や決定を出すのを慣例としているのだ。

そして2つ目は、刑事事件で控訴審までの結果が死刑である場合だ。この場合も最高裁は必ず一度、弁護人と検察官の意見を聞く弁論を開き、判決の宣告も公判を開いて行なうのを慣例としている。小泉の上告審で判決公判が開かれたのも、控訴審までの結果が死刑だったからである。

このように、最高裁が死刑事件で行なう公開裁判には、「死刑の適用は慎重に判断しているとアピールするためのセレモニーに過ぎない」（死刑事件を多く手がけた弁護士談）との見方もあるが、私も同意見だ。というのも、私は最高裁で様々な死刑事件の裁判を傍聴したが、豪奢な法廷や厳重な警備はいかにも仰々しいし、そのくせ被告人本人に発言の機会を与えていないどころか、出廷すらさせていない。統計的にみても、控訴審までの死刑判決を破棄することは皆無に近く、事前に結果が決まっている感もあるのだ。

ただ、一方で私は、最高裁が行なう死刑事件の裁判は傍聴する価値があるとも思っている。第一審や控訴審の公判では見られないような、興味深い場面に出くわすこともままあるからだ。

たとえば、小泉の弁論では、結局解任されなかった国選弁護人と私選弁護人の坂本が別々に意見陳述をしたのが興味深かった。国選弁護人が、「被告人は妄想性障害なので、精神鑑定をやり直すべき」と主張したのに対し、坂本は、「膨大な数の犬や猫が殺処分になっている過ちに行政が気づき、早急な是正を行なえば、被告人が再犯を行なう可能性はなくなる」と訴え、死刑回避を求めた。ひとりの被告人に2組の弁護人が存在し、法廷で異なる主張をするのは異例で、それを目撃できたのは貴重な経験だった。

ほかでは、1999年に山口県光市で起きた母子殺害事件の第二次上告審の弁論も興味深かった。

この事件は、犯行時18歳の被告人が第一審、控訴審共に無期懲役とされたが、最高裁が審理を控訴審に差し戻し、第二次控訴審で死刑が宣告された。その第二次控訴審で、被告人は従前認めていた強姦目的の犯行を否定し、被害者の母親を殺害後に姦淫したことを、「死者復活の儀式だった」と主張し始めたため、世間の人々がこれを「死刑を免れるために作り出した言い訳だ」と受け止め、激怒していた。第二次上告審の弁論では、弁護人がこれに関する新主張を明らかにしたのだ。

「被告人は、死姦は強姦よりはるかに悪いことで、恥ずかしいことだと思っており、〝死者復活の儀式〟のことをずっと言い出させなかったのです。第二次控訴審の段階になり、死刑回避のために考え出した言い訳ではないのです。先日、面会した際、彼はそう打ち明けてくれました」

最高裁は被告人の上告を棄却した判決で、この弁護側の〝新主張〟に言及せず、マスコミもこの〝新主張〟を報じていない。最高裁で傍聴しなければ、私はこの〝新主張〟を知ることができなかった。

死刑判決が出る事件は注目度が高く、第一審や控訴審は抽選を突破せねば傍聴できない場合が多いが、最高裁の裁判は通常、傍聴希望者はあまり集まらず、傍聴できる可能性が比較的高い。注目事件の裁判を傍聴して事実を確かめたい人には、最高裁が死刑事件で行なう公開裁判は狙い目だと思う。

相模原知的障害者施設殺傷事件（平成28年）――19人殺害は戦後最悪の記録

植松 聖

「自分の生命を犠牲にしてでも、やらないといけないことだと思ったんです」

【DATA】

犯行時の年齢：26歳
犯行の罪名：殺人、殺人未遂、逮捕監禁致傷、逮捕監禁、建造物侵入、銃刀法違反
裁判の結果：裁判員裁判を開くための公判前整理手続中（本書校了時点）
面会場所：横浜拘置支所

逮捕後、警察車両の中で満面の笑みを
浮かべた植松聖（共同通信社提供）

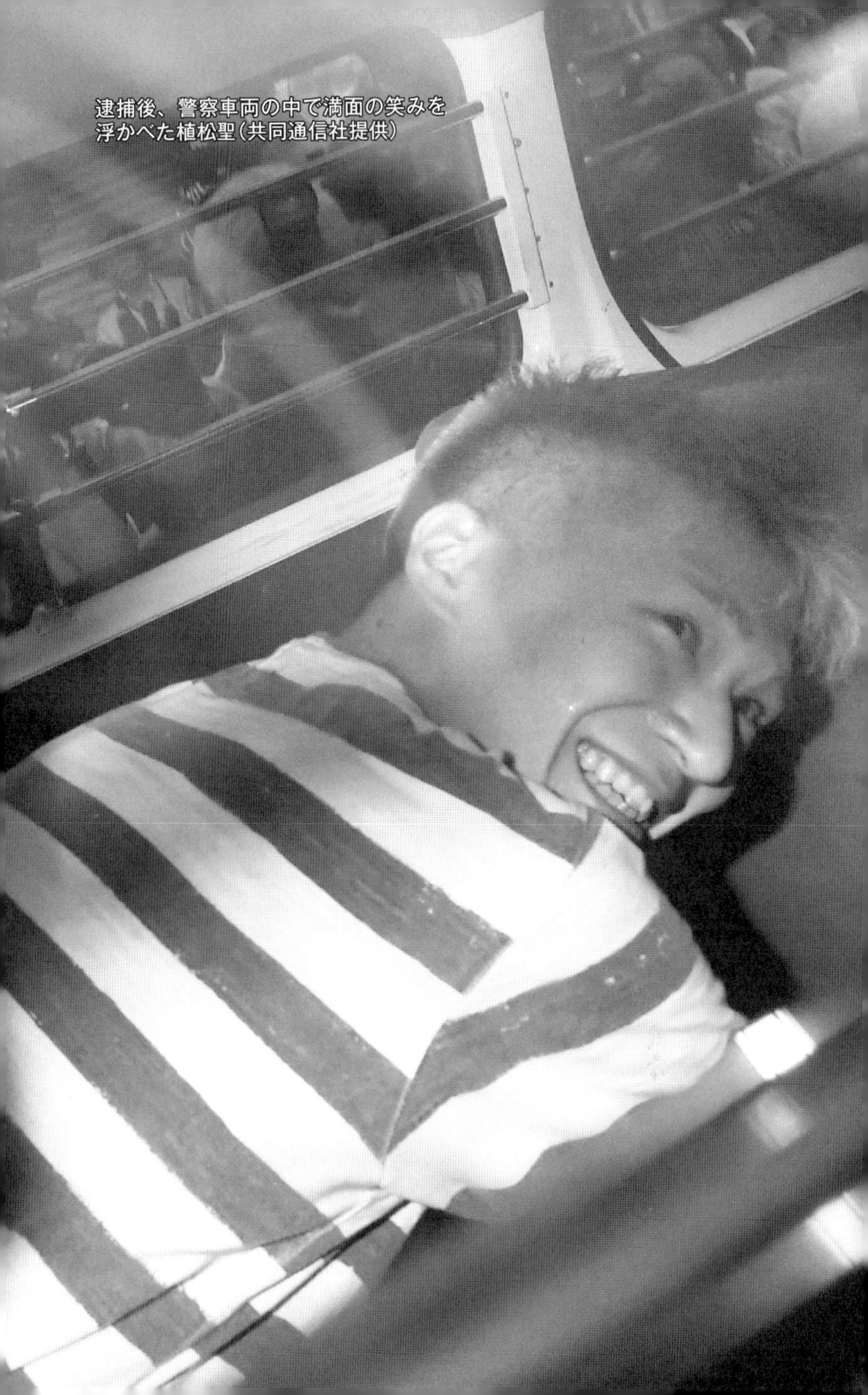

笑っていた理由

2017年10月中旬のある日、私は所用で上京した際に初めて横浜拘置支所まで植《うえ》松《まつ》聖《さとし》の面会に訪ねた。この時点ですでに多くのメディアが植松に面会取材をしていたが、私も同じように受け入れられるかはわからなかった。植松に取材依頼の手紙を出したのは直前だったため、少し心配もしていたが、所内の受付で所定の手続きを済ませると、何の問題もなく面会室に通された。

「遠いところをありがとうございます」

面会室に現れた植松は、アクリル板越しに私と向かい合うと、そう言って深々とお辞儀した。

上下共にフリースというリラックスしたいで立ち。逮捕された時は金色の短髪で、肌はよく日焼けしていたが、その時から1年余りの月日が流れていたこの日、植松は長く伸びて黒くなった髪を後ろで束ねており、肌は白くなっていた。

「あの時に日焼けしていたのは前日、川に行って

横浜拘置支所

いたからです。今はあまり日に当たりませんので」

植松は、逮捕当時と風貌が変わった理由をそう説明した。当時の報道では、警察車両で連行されながら楽しそうに笑っている写真をよく見かけたため、私は植松にハイテンションな殺人犯というイメージを抱いていたが、実際の植松はむしろ物腰が柔らかかった。

「あの時、自分が笑ってしまったのはマスコミの人波が突撃してきたためでした。笑ってはいけないと思っていたのですが」

アクリル板越しに私のことを上目遣いで見ながら、植松はそう言って笑った。見た目は、どこにでもいそうな普通の若者だ。戦後最大の大量殺人事件の犯人らしい狂気はまるで感じられなかった。

人類のための犯行

植松が事件を起こしたのは、私が初めて面会に訪ねた日より、1年と数ヶ月前のことだった。現場は、神奈川県相模原市の郊外地区にある『津久井やまゆり園』という知的障害者向けの施設である。この施設には、当時、重篤な知的障害者が百数十人入所しており、職員たちが24時間体制で介助していた。そして、植松も事件の5ヶ月ほど前までこの施設で働く職員の1人だった。

2016年7月26日の深夜2時頃、当時26歳の植松は、このかつての勤務先に車で赴くと、ハンマーで窓を割って侵入した。そして、持参したナイフと包丁により、寝ていた入所者たちを次々に刺していった。植松は最終的に入所者19人を殺害し、このほかにも職員2人を含む26

聖
@tenka333
フォローする
世界が平和になりますように。
beautiful Japan!!!!!!

植松が犯行後、ツイッターに投稿していた写真と文章

人に重軽傷を負わせたが、戦後に起きた殺人事件では19人という死者数は最悪の記録であった。

犯行を終えると、植松は車で所轄の津久井署に出頭して逮捕されたが、出頭前、ツイッターに笑顔の自撮り写真と共に、〈世界が平和になりますように。beautiful Japan!!!!!!〉という「犯行声明」のような文章を投稿していた。こうしたことから、何らかの特異な思想や考えを持つ男であることは明らかだと思われた。（〈〉内は引用。原文ママ。以下同じ）

当然、すぐさま熾烈な報道合戦が繰り広げられたが、報道では、植松が取り調べに対し、「障害者はいなくなればいい」などと語っていると伝えられた。また、植松は『津久井やまゆり園』に勤めていた頃から、入所者について「死んだほうがいい」と公然と口にしたり、暴力をふるっていたようにも報道された。さらに、在職中、千代田区にある衆議院議長公邸を訪ね、大島《おおしま》理森《ただもり》衆議院議長宛ての手紙を職員に渡していたのだが、それには次のような「犯行予告」とみられる文章も綴られていたという。

〈この手紙を手にとって頂き本当にありがとうございます。私は障害者総勢470名を抹殺することができます。常軌を逸する発言であることは重々理解しております。しかし、保護者の疲れきった表情、施設で働いている職員の生気の欠けた瞳、日本国と世界の為と思い、居ても立ってても居られずに本日行動に移した次第であります〉

〈作戦内容

職員の少ない夜勤に決行致します。重複障害者が多く在籍している2つの園（津久井やまゆり）を標的とします。見守り職員は結束バンドで見動き、外部との連絡をとれなくします。職員は絶体に傷つけず、速やかに作戦を実行します。2つの園260名を抹殺した後は自首します〉

当時、この手紙の内容はすぐさま警察に通報され、所轄の津久井署にも情報がもたらされていた。そして、ついに植松は『津久井やまゆり園』を退職せざるをえなくなったのだが、相模原市は退職した植松を精神保健法に基づき、精神科の病院に強制的に入院させていたという。入院中、植松は尿から大麻の陽性反応も出ていたが、大麻は使用していただけでは犯罪にあたらないために検挙されず、結局、10日余りの入院だけで退院していた。これが事件の5ヶ月ほど前のことだ。この時点で、所轄の警察署や自治体は植松の危険性を察知しながら、植松はわずかな期間の入院により野放しにされていたわけである。

植松は、『津久井やまゆり園』の事件の容疑で逮捕後、精神鑑定を受けるが、責任能力はあると判断され、横浜地検は翌２０１７年2月、植松を横浜地裁に起訴した。それ以降、様々なメディアが植松のもとに面会に訪ね、直接取材をするようになるのだが、植松は面会に訪ねた記者たちに対し、障害者を殺害することは正当だと主張しているように伝えられた。そして、様々なメディアが判で押したように植松のことを歪んだ差別意識の持ち主で、「身勝手」な主張をしているように報じたのである。

だが――。

私はメディアが伝える「身勝手な殺人犯」という植松のイメージが腑に落ちなかった。そこで、実際に植松と会ってその人物像を確かめたく思い、手紙を出したうえで面会に訪ねたのだった。

いざ、面会室で植松と向かい合い、言葉を交わしてみると、植松は普通っぽい見た目や物腰の柔らかさとは裏腹に、発する言葉はたしかに過激だった。

――報道を見ていると、植松さんは障害者の方々に生きる価値がないと言われているようですが。

「障害者というより、意思の疎通をとれない方々は安楽死させるべきだと思います」

――なぜ、そう思うのですか。

「意思の疎通がとれない方々は様々な不幸の源になっているからです」

――不幸の源とは？

「簡単に言いますと、人に迷惑をかけ、物資や食糧、マンパワーを社会から奪っているということです。自分はやまゆり園で働き、そのことを知りました」

――仮にそうだとしても、意思のとれない人たちを殺せば、その家族が悲しむとは思いませんか。

「家族が悲しまれる気持ちはわかりますが、それに引きずられてしまうと困ってしまいますから」

――誰が困るのでしょうか。

「人類です」

――なぜ、人類が困るのでしょうか。

「世界には、戦争で苦しんでいる方々や泥水のようなものを飲んで生きている、不幸な人たちがたくさんいますので」

――つまり、意思の疎通がとれない人たちを安楽死させ、そのぶんの物資や食糧、マンパワーをそういう不幸な人たちに回すべきだというわけですか。

「はい。自分は、意思のとれない方々のことは、人間だと思っていませんので」

このような対話をする間、植松は常に私の目を見すえ、大真面目だった。本心を隠していたり、自分を偽っていたりするような様子は微塵も窺えなかった。

やはり、そうだったのか……と私は思った。というのも、メディアでは、「身勝手」な動機から犯行に及んだように報じられていた植松だが、本人は自分のやったことを正義だと思っていそうな雰囲気が報道の情報から感じられていたからである。

そこで私は、アクリル版越しに向かい合った植松にこう申し向けた。

「私は、植松さんの主張に賛同するわけではありません。しかし、植松さんの主張を正確に理解し、正しい情報を少しでも広く世の中に伝えたいので、今後も面会や手紙のやりとりをさせてもらえないでしょうか」

すると、植松は笑みを浮かべ、こう言った。

「賛同できなくて当然だと思います。よろしくお願いします」

こうして、戦後最悪の大量殺人犯との面会や手紙のやりとりが始まった。

面会取材を受けることは事件前から計画

〈「人を殺してはいけない」それは至極当然の答えですが、「人」とはどのような存在か考えれば、私が殺したのは「人」ではありません。
人類は心失者がいるジレンマで「人」とは何か考えることを禁じられてきました〉
（２０１７年10月27日消印の手紙より。手紙には日付の記載はなし。傍点は引用者による）

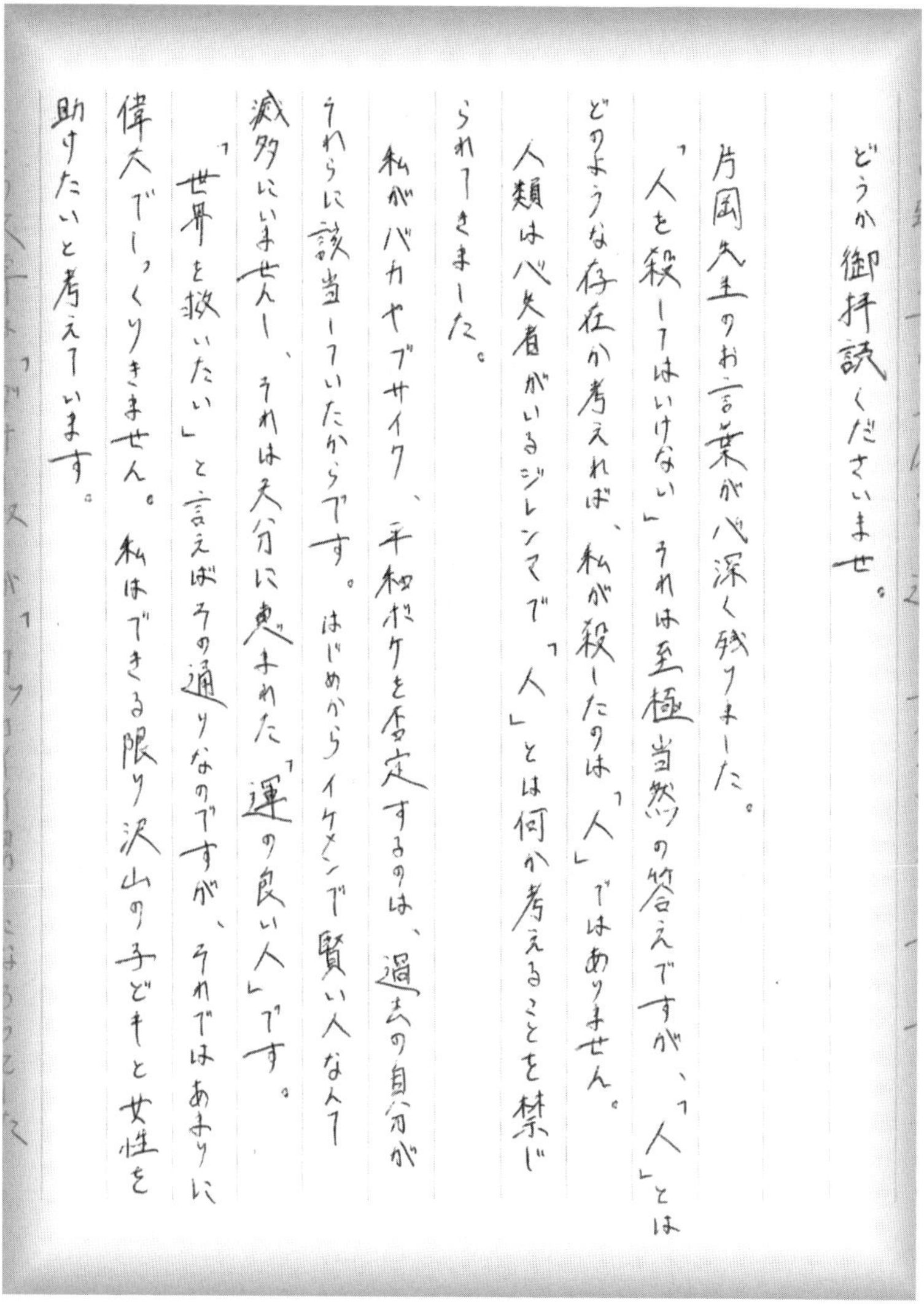
どうか御拝読くださいませ。
片岡先生のお言葉が心深く残りました。
「人を殺してはいけない」それは至極当然の答えですが、「人」とは
どのような存在か考えれば、私が殺したのは「人」ではありません。
人類は心失者がいるジレンマで「人」とは何か考えることを禁じ
られてきました。
私がバカやブサイク、平和ボケを否定するのは、過去の自分が
それらに該当していたからです。はじめからイケメンで賢い人なんて
滅多にいませんし、それは天分に恵まれた「運の良い人」です。
「世界を救いたい」と言えばその通りなのですが、それではあまりに
偉大でしっくりきません。私はできる限り沢山の子どもと女性を
助けたいと考えています。

初めての面会後に植松から届いた手紙（消印は2017年10月27日。手紙には日付の記載はなし）。言葉遣いは丁寧だが、内容は強烈

最初の面会の数日後、植松から届いた手紙には、そう綴られていた。「心失者」とは、植松が考え出した造語で、意思の疎通がとれない障害者のことをそう表現しているらしい。そして、植松は「心失者」のことを人間だと思っておらず、『津久井やまゆり園』の入所者たちを殺害したことを「殺人」だと思っていないわけである。

このような現代の日本人の一般的道徳観とかけ離れた植松の考え方について、咎めたり、批判しても無意味だと私は思うので、そういうことはしなかった。ただ、この手紙の文章に関連して1つ気になったことがあり、私は後日、植松と面会した際に単刀直入に質問してみた。

「たとえ、植松さんが『私が殺したのは人ではない』と思っていたとしても、あのような犯行をすれば、死刑になるのはわかると思います。死刑は覚悟のうえでの犯行だったのですか」

私のこの質問に対し、植松は「その通りです」と即答した。

そこで、「植松さんは、死刑は怖くないのですか」と重ねて質問したところ、植松は「死刑というより、死は怖いですよね」と素直に不安も口にした。だが、すぐに力強くこう言い切ったのである。

「自分の生命を犠牲にしてでも、やらないといけないことだと思ったんです」

この時も植松の表情は真剣そのものだった。どうやら植松は、「人類」のために大義に殉じるような心境で犯行を決行したようである。

ただ、そうだとすれば……私は、新たに浮かんだ疑問を植松にぶつけた。

――植松さんは自首し、こうして捕まってしまったので、もう自分の手では、意思の疎通がとれない人たちを安楽死させることができないですよね。その点については、どう考えているのでしょうか。

「自分ではできなくても、主張することはできます」

――意思疎通のとれない人たちを安楽死させるような法や制度を作るように主張するということですか。

「その通りです」

――それは、裁判の場で主張するということでしょうか。

「いえ、このような形で主張できればいいと思ったんです」

――このような形とは？

「手紙を出したり、面会をさせて頂けたらと思ったんです」

――報道機関を相手にですか？

「その通りです」

つまり、こういうことだ。植松は今回、事件を起こしたら自首し、獄中から報道機関に手紙を出したり、面会取材を受けることにより、自分の主張を世に広めようと事前に計画していたわけである。

とすれば、この植松の狙いはある程度当たっていると言える。先に触れたように植松のもとには、すでに様々なメディアが取材に訪れ、その主張を報道しているからだ。植松の取材を熱心にやっていた月刊『創』の発行元の創出版からは、植松の手記や植松が描いた漫画も掲載された『開けられたパンドラの箱　やまゆり園障害者殺傷事件』という本も発売され、話題になっている。

そして、かくいう私も植松に関心を抱き、取材に動いた1人だ。とすると、私自身もまた植松の狙い通りの動きをしてしまったということになる……。私は、植松の主張への賛同者を増やすために取材に動いたわけではないが、少々複雑な気分になった。

具体性のない思想

では、意思の疎通をとれない障害者を安楽死させる法や制度について、植松は具体的にどのような内容のものを想定し、どのように運用されるべきだと思っているのか。また、植松はそもそも、そのような法や制度をどのように現実化しようと考えているのか。

結論から言うと、植松はそういう具体的なことはほとんど何も考えていなかった。それは面会の際、植松の考える法や制度の内容について、あえて大真面目に対話してわかったことだ。

――植松さんが考えている法や制度の内容を聞きたいんですが、意思の疎通がとれない人たちを安楽死させるのは誰の仕事だと考えているのでしょうか。

「意思疎通ができるかどうかについては、精神科医の方々が判断すべきだと思います。今の精神科医は精神薬をばらまくだけで、本当に必要がありませんので」

――では、精神科医に「意思の疎通ができない」と判断された人を安楽死させるのは誰ですか。

「それも精神科医の方でいいと思います」

――で、植松さんは報道機関を通して主張することにより、そういう法や制度ができればいいと思っているわけですね。

「その通りです」

——ただ、そういう法や制度は、国会で法案が可決されないとできないですよね。いくら植松さんが主張しても、選挙で決められた国会議員がそういう法や制度を作ろうとするとは思えないですが。

私がこのように問いかけた時、植松は想定外の質問をうけ、少し戸惑っているように見えた。そして、照れ笑いしながら、こう言葉をつないできた。

「……その通りなんですけど、ああいうのは全部茶番に見えまして」

——茶番に見えるとは？

「民主主義というのは本当に茶番に見えるというか。自分は、民主主義なんて必要ないと思っているんです」

——では、誰か独裁者が現れて、植松さんの主張するような法や制度を作って欲しいとでも考えているのですか。

「独裁者と言うと、言い方が悪いですが、優位な人間がきちんと指導すればいいと思うんです。それは、自分が優位な人間だというわけじゃなくて、優れた人にやって頂きたいと思っているんです」

——ということは、植松さんは、意思疎通のとれない人たちを安楽死させるべきだと自分が主張することにより、誰かそれを実現してくれる人が現れて欲しいと思っているわけですか。

「そういうことです。『意思疎通のとれない方々を安楽死させろ』なんて言えば、批判を買うのは目に見えていますから、誰も言いたくじゃないじゃないですか。でも、誰かが言わないといけないから、自分が言ったんです」

――では、どれくらいの期間で、そのような法や制度が実現すると思っているんですか。

「あと1、2年と思うんですけど」

植松はこの時も真顔だった。そんな法律がその程度の期間で実現すると本気で思っているのだ。

そして、「いやあ、片岡先生とお話させて頂くと、ためになるというか」とうれしそうに言った。植松はメディアの取材はたくさん受けているが、おそらく私以外の取材者には、自分の主張を真面目に聞いてもらえていなかったのだろう。

ちなみに、私のことを「片岡先生」と呼ぶ理由について、聞いたところ、

〈私は、自身に教えを頂ける方を「先生」と呼ばせていただいております〉

（2018年3月3日付け手紙より）

とのことだった。私が知っている範囲では、植松は、前掲の本『開けられたパンドラの箱』を出した創出版の代表者兼編集者の篠田博之《しのだひろゆき》のことも「篠田先生」と呼んでいるが、ほかの取材者のこともそう呼んでいるのかもしれない。

「心失者」の生き死にを考えるようになったきっかけ

こうして対話を重ねるうち、私は、植松が大義に殉じるような思いで犯行に及んだことは間違いないと確信を深めた。だが、植松本人はそれでよかったとしても、植松は自分の家族に対し、どのように思っているのだろうか。

ある日の面会中、その疑問も植松に率直にぶつけてみた。

――植松さんは、自分が今回のような事件を起こせば、家族が社会から凄い批判を浴びたり、悲しんだりすることは予想できていましたよね？

「はい。おっしゃる通りで、家族には申し訳ないです」

――それを踏み越えてでもやらないといけないことだと思ったのですか？

「その通りです」

――ちなみに、植松さんの家族は両親がいることは報道されていますが、きょうだいもいますか。

「いえ、自分は一人っ子です」

――で、あと、親戚もいますよね。

「はい」

――今、家族や親戚のみなさんから連絡はありますか。

「家族の話はあまりしたくありません」

こう言った時の植松の口調は強く、家族のことに触れられるのを断固拒否する意思が感じられた。植松もやはり、家族に迷惑をかけているという自責の念はあるのだろう。

では、植松は一体、どのような人生を歩み、現在のような人格になったのか。

植松自身は家族のことを語りたがらないが、逮捕当初の報道によると、植松の経歴はおおよそ次のように伝えられていた。

植松は父親が小学校の図工教師で、母親がホラー漫画家という家庭で生まれ育った。中学、高校時代はバスケットボール部で活動し、大学では、飲み会などをよくやるオールラウンドサークルに所属。週刊誌の取材を受けた友人たちは、植松のことを明るい性格で、彼女もいたなどと語っており、楽しい青春時代を過ごしていたことが窺える。

そんな植松の唯一の挫折らしきエピソードは、父親同様に教員を目指しながら、大学卒業時に教員の採用試験に合格できなかったことだ。そして、植松は大学卒業後、飲料メーカー系列の配送会社に就職。配送員として勤務したが、結局、半年で会社を辞めている。次に就職したのが、『津久井やまゆり園』だったという。

このような経歴を見ていて、教員になれなかったことが植松の思想形成に大きな影響を与えた可能性があるのではないかと私は考えた。そこで手紙で一度、教師を目指した事情を質問してみたのだが、次に植松

植松がフェイスブックに投稿していた写真。友人は多かったようだ

から届いた手紙では、その質問に対しては何の回答も書かれていなかった。

こうした植松の態度からすると、教師になれなかったことはやはり植松にとって大きな出来事だったのではないかと想像させられた。が、それはあくまで想像の域を出ない話だ。

では、配送員の仕事を辞めた植松は、なぜ『津久井やまゆり園』で働くようになったのか。

ある日の面会中、そのことを尋ねると、植松はこう答えた。

「友人が先に『津久井やまゆり園』で働いていて、仕事が楽だよ、と言われたので、始めたんです」

——実際に楽な仕事だと思いましたか。

「ええ、楽でした。そんなにいいお金をもらえるわけじゃないですけど」

事件発生当初の報道では、植松は学生時代、障害者支援のボランティアをしていたという情報もあり、そのことと『津久井やまゆり園』で働くようになったことには、何か関係があるのではないかと私は考えていた。しかし、植松はこのボランティアのことは私に話さなかった。

では、『津久井やまゆり園』での植松は、どのような仕事ぶりだったのか。植松は手紙に、『津久井やまゆり園』で働いていた時のことを次のように綴ってきた
〈やまゆり園は良い職場でしたし、すっとんきょうな子どもの心失者をみると笑わせてもくれます。

ですが、人間として70年養う為にはどれだけの金と人手、物資が奪われているか考え、ドロ水をススリ飲み死んで逝く子どもを想えば、心失者のめんどうをみている場合ではありません。

施設職員は、心失者の世話で社会貢献しているつもりかもしれませんが、それは、誰の役に

も立たず、人間の〝支え合い〟によるサイクルを壊しています。

心失者を擁護する者は、心失者が産む〝幸せ〟と〝不幸〟を比べる天秤が壊れていて、単純な算数ができていないだけです〉

（2017年11月20日付け手紙より）


この書きぶりからは、植松が『津久井やまゆり園』で職員として働いていた当時、自分以外の職員たちを見下していたことが窺える。植松にとって、『津久井やまゆり園』での仕事はやりがいを感じられるものではなかったのだろう。

もっとも、植松も『津久井やまゆり園』で働き始めた当初からこのような考え方をしていたわけではないのではないか……と思っていたら、植松から後日届いた手紙にこんなことが綴られていた。

〈余談になりますが、私は施設で働いていた頃、風呂で発作を起こしおぼれて死にそうな利用者を助けたことがあります。すぐに助けたので大

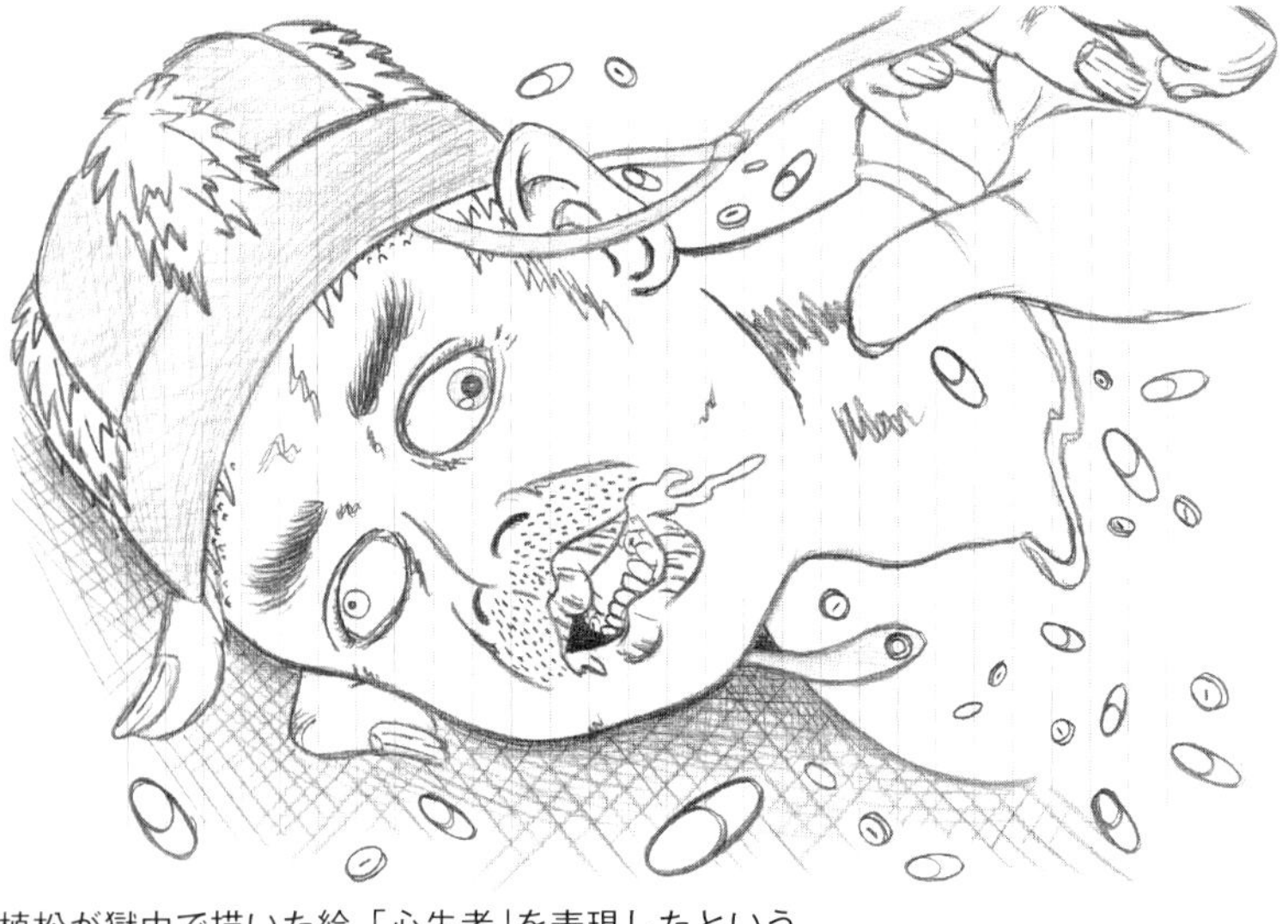

植松が獄中で描いた絵。「心失者」を表現したという

事には至りませんでしたが、保護者からは一言もお礼を言われることはありませんでした。振り返えれば、この時に「どうして助けたんだろう？」と、初めて心失者の生き死にを考えたと思います〉

（２０１７年12月2日付け手紙より）

後日、植松と面会した際、このエピソードについて、改めて詳細を質した。

――『津久井やまゆり園』で働いていた頃、風呂でおぼれて死にそうになった利用者の方を助けたことがあるとのことですが、助けたのは、植松さんが言うところの「心失者」の方ですか。

「そうですね」

――で、命を助けたのに、保護者からお礼を言われなかった、と。

「お礼を言われませんでしたし、『余計なことをしやがって』という雰囲気を感じました」

――つまり、その保護者の方は、その利用者の方に死んで欲しそうな感じだったわけですか。

「口では、絶対にそこまで言うわけはないんですが、やはり家族としては、心失者はいないほうがいいに決まってるな、と」

――で、植松さんはその時から、意思の疎通のとれない人たちの生き死にを考え始めたわけですか。

「そうですね」

――その結果、意思の疎通のとれない人たちを安楽死させるべきだという思想にたどり着いた、と。

「その通りです」

植松が助けた利用者の保護者が本当に「余計なことをしやがって」などと思っていたのかはわからない。だが、植松にとって、凄いことに気づいたような思いに駆られる出来事ではあったのだろう。

大麻は子どもの心に戻れる

報道により、「障害者を差別する大量殺人者」というイメージが定着した植松だが、面会や手紙のやりとりを重ねる中、障害者に関係ないことでも色々と特異なことを言っていた。

たとえば、植松は手紙に自分の価値観を次のように書いてきたことがある。

〈〝幸せ〟の定義がとても難しいことは分かります。それでも基本的欲求を満たすこと

美味しいご飯

気持ちいいｓｅｘ

旨い大麻

これらが揃えば、人間は争う必要がありません。

逆に、これが2つも欠けてしまえば、「人の不幸を喜ぶ」ことで補う卑しい生き物です。自分が幸せではないのに、人の幸せなど喜べるはずがありません〉

（２０１７年11月20日付け手紙より）

幸せの定義として、「美味しいご飯」や「気持ちいいｓｅｘ」が挙げられているのは、とりあえずわかるとして、「旨い大麻」も一緒に挙げられているのは、植松特有の価値観の現れとしか思えない。

では、植松にとって、人生の中で大麻がいかに重要なのか。

植松が事件前に病院の精神科に強制入院させられた際、尿から大麻の陽性反応が出ていたことはすでに述べたが、私が面会中、趣味などは何かあるのかと質問した時も、植松からは「大麻を吸うことです」とすぐに答えが返ってきた。

――そもそも、植松さんはいつ頃、どういうきっかけで大麻を吸うようになったのですか。

「大麻を吸うようになったのは仕事を始めた頃か、大学4年の時でした。それまで脱法ハーブをやっていたんですが、脱法ハーブは猛毒で、やっているとバカになるとわかったので。代わりに楽しめるものとして、大麻を吸うようになりました。大麻は体に悪くないと聞いたことがあったんで」

――大麻は売人から買っていたのですか。

「そうです」

――大麻の何がいいのでしょうか。

「子どもの心に戻れるというか」

――子どもの心に戻れて、楽しいわけですか。

「そうです。素直に、正直になれます。シラフでなくなるという点では、麻薬や覚せい剤と同じですが、その性質は真逆なんです」

――性質が真逆とは？

「麻薬や覚せい剤は、考えないように楽をする猛毒で、脳を壊しますが、大麻は、考えることを楽しむ薬草なんです。大麻を知らずに死ぬことは、童貞のまま死ぬほど勿体ないことです」

こうして植松の話を聞いていると、意思の疎通のとれない障害者を安楽死させるべきだという思想の形成にも大麻の影響がいくらかはあるのではないかと思われた。

美を求めることは正義

大麻以外でもう1つ、植松の際立った特徴だと思えたのは、「美」に強いこだわりを持つところだ。

植松は事件前、入れ墨を彫った自分の上半身裸の写真をツイッターなどで公開していたが、事件後も取材を受けたメディアに自分が描いた絵を送るなど、美的センスをアピールするような行動が見られた。そして、私のもとにも自作の絵をたびたび送ってきたが、手紙にはこんなことを書いてきた。

〈ブサイクであることは、美しい人間には想像もつかない程の不幸です。それだけで心ない揶揄や嘲笑の的となる存在です。

美しければ笑顔で向えられますし、自然と表情が明るくなり、すぐに友人ができます。「毛嫌いする」というように、目から下の毛は邪悪であり、ブサイクはできる限り改善すべき病気です。

しかし、整形しても子どもは本来の遺伝子を受け継ぎますので、交際前に改善の有無を報告します。

美は人生最大の欲求で、美を求めることは正義と考えております〉

（2017年10月27日消印の手紙より。手紙に日付の記載はなし）

障害者への差別意識ばかりがクローズアップされてきた植松だが、実際には、容姿の美しくない人間への差別意識のほうが強いのではないか。私は植松への取材を重ね、こうした手紙などを読むうち、そんなことも考えるようになった。

ある日の面会中には、こんなこともあった。植松が「片岡先生は、太った女性は好きですか」と聞いてきたので、「好きじゃないですね」と答えたところ、植松はうれしそうに笑い、こう言うのである。

「そうですよね。ほんと、デブを好きな人って見たことないですよね」

私はこの時、「デブ専のスナックや性風俗店もあるので、そういう女性が好きだという男性も存在するんじゃないですか」と異論を唱えてみたのだが、植松はそれを言下に否定した。

「それは、恋愛感情ではなく、気を許して話せるとか、そういうことでしょう」

どうやら植松は容姿の美しくない人間の中でも、太った女性に対して、とくに強い差別意識があるらしかった。そして、手紙には、自分の美的感覚が普遍的なものであるかのようにこう書いてきた。

〈人間の美しい顔立ちとは小さな顔の輪郭、小さな鼻の穴、大きな瞳、これらのバランスを考えることです。

人は皆、本心ではダルビッシュさんや、佐々木希さんのような異性と交際したいはずですが、自分の身の丈を考えて「好みの問題」と言い訳することで自分を納得させます。

その妥協が少ない程、羨ましい結婚と呼ばれています〉（２０１７年12月2日付け手紙より）

もっとも、植松は太った人間を嫌いつつ、世界の誰もが肥満体形だと認識しているだろう「ある国際的な有名人」については、なぜだか好意的だった。北朝鮮の最高指導者・金正恩である。

「脂肪のせいで邪悪になっちゃっていますが、あの人の遺伝子は凄く優れていると思うんです。美しい遺伝子だと思うんですよ」

太っていても、力のある人物なら内面の美しさにも目を向けるということなのだろうか。植松は人間観も独特だった。

自分や愛する者が「心失者」となった場合は……

植松は精神鑑定で、「自己愛性パーソナリティ障害」と診断されている。この障害の特徴は、自分は特別だと思ったり、過剰な賞賛を求めたりすることだ。メディアに出てくる「有識者」には、この鑑定結果に肯定的な意見を述べる者もいた。だが、私が取材を重ねる中では、植松は障害者や容姿の美しくない人間に差別的なことを言う一方、自分自身のことも大切に思っていない様子が窺えた。

たとえば、面会中に植松に恋人の存在などを聞いてみた時のこと。植松は、事件当時に彼女がいて、仲良くしていたと言うので、私は、「彼女と結婚して家庭を持ち、一緒に子どもを育てたりすることは考えなかったのですか」と聞いてみた。すると、植松から返ってきたのはこんな答えだった。

「自分の遺伝子は優れていないので、子孫を残したい意欲はあまりないんです」

さらに、植松は「自分の生命なんて、大した価値はありませんから」とまで言った。

なぜ、そこまで自己評価が低いのか。

「容姿的な部分です。人間って、見た目だと思うんで」

つまり、植松は自分自身の容姿にもまったく自信を持っていないわけである。植松が私のもとに送ってくる絵はいつも上手いので、「植松さんは、絵を描く才能があるのでは?」と水を向けてみた。しかし、植松は「あれは何度も描き直したもので、自分に才能があるとは思いませんので」と謙遜し、話にのってこなかった。

他者を差別するようなことを言う一方で、このように自己評価が低いのも植松の大きな特徴だ。植松は決して他者のことばかりを悪く言っているわけではないのである。

では、植松は今後、自分自身が病気などにより「心失者」になることがあれば、どうするのか。その場合、やはり安楽死を望むのだろうか。また、両親や親戚、恋人、友人などが「心失者」になった場合はどうなのか。この点について、手紙で質問したところ、植松は手紙でこう回答してきた。

〈死は誰でも怖いですから、それは「望みます」という問題ではなく、(引用者注・自分が心失者になった場合に安楽死するのは)人間としての義務であると考えております。

両親、恋人、友人が「心失者」になれば、もちろん悲しいですが、仕方がないこと、受け入れなくてはならない現実と考えます〉(2018年3月3日付け手紙より)

やはり、植松は決して身勝手な人間ではない。自分なりの正義を命がけで貫こうとしているのだ。

今はまだ裁判がいつ始まるのかの目途もたっていない状況だが、裁判が始まれば、植松は法廷でも今と同じ主張を堂々と言い連ねることだろう。そうすれば、確実に死刑判決を受けるだろうが、私は植松がどんな運命をたどるかを最後まで見届けたいと思っている。

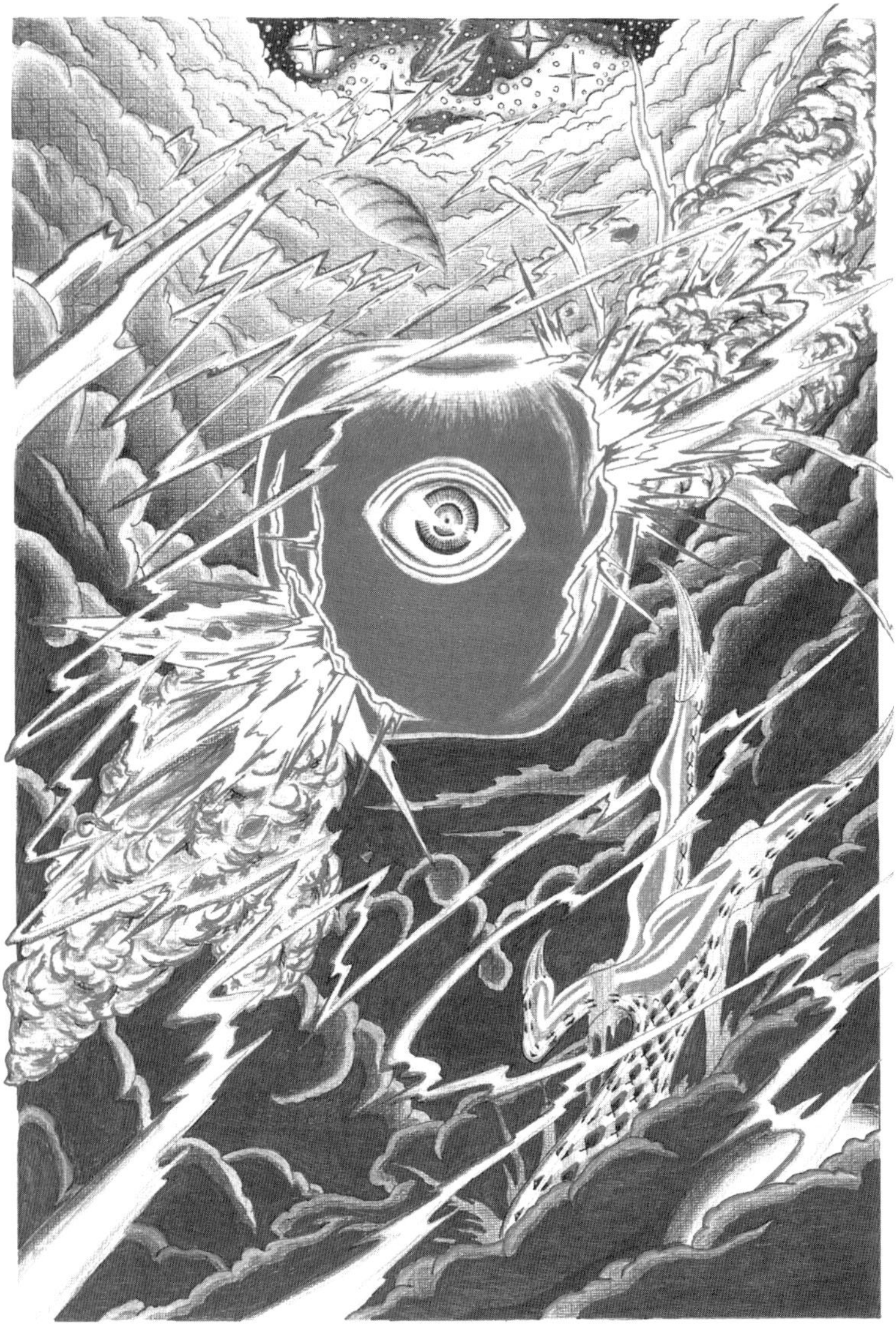

植松は獄中で「格好いい」と思う絵を描き、取材者らに送っている。これもその1つ

「自分の生命なんて、
大した価値はありませんから」

（植松聖）

殺人犯たちと面会するにはどうすればいいのか

「ああいう人たちと面会するには、どうすればいいんですか」

私が有名な殺人犯と面会したり、手紙のやりとりをしたりしているという話をすると、そんなふうに聞いてくる人がたまにいる。そういう人たちは、「自分も有名な殺人犯と会ってみたい」などと思うわけではないだろうが、なじみのない世界に興味を惹かれるところがあるのだろう。

そこで、殺人犯たちと面会するには、どうすればいいのかを簡単に紹介したい。ほかの取材者はどうしているかは知らないので、あくまで「私はこうしている」という話だとご承知願いたい。

面会してみたいと思う殺人犯がいた時、私が最初にするのは、取材依頼の手紙を書くことだ。殺人犯も人間なので、事前に何の連絡もずにいきなり面会に訪ねるのは失礼だし、そもそも事前連絡もせずに面会に訪ねても応じてもらえる可能性は低いと思うからだ。

では、手紙はどこに出せばいいのか。警察に逮捕された殺人犯は通常、最初はそのまましばらく警察署で勾留される。そして起訴されると、しばらくしてから刑務所や拘置所に移される。つまり、手紙を出す場所は、警察署か刑務所、拘置所のいずれかということになる。

殺人犯が逮捕された時のテレビや新聞の報道を見れば、どこの警察署に逮捕されたかは大体わかる。そして起訴されたあと、殺人犯がどこの刑務所、拘置所に移されるかと言うと、裁判をやる裁判所に対応した刑務所、もしくは拘置所だ。たとえば、裁判を東京地裁でやる場合は東京拘置所に、東京地裁立川支部でやる場合は立川拘置所に移されるという具合である。

そして手紙を出す際、私は必ず切手や郵便書簡を同封するようにしている。私は殺人犯に対し、取材謝礼などは基本的に支払わないが、せめて通信費くらいは負担するのが礼儀だと思うからだ。

手紙を出してみて、本人から返事の手紙が届けば、あとは簡単だ。「面会してもいい」という返事なら会いに行けばいい。「面会したくない」という返事なら、私は一応、返事をくれたことへのお礼をしたためた手紙を出しておく。それによって相手の気持ちが変わり、面会できたという経験は一度もないが、それをきっかけに手紙のやりとりが続いたことは何度かある。

本人から返事の手紙が届かない場合、勾留先の刑務所や拘置所まで訪ねてみるほかない。そうすれば、本人があっさり面会に応じることは多い。面会できずとも、拘置所や刑務所の職員から「会いたくないそうだ」「現在は接見禁止処分が付されている」などと面会できない理由を教えてもらえるので、すっきりする。わざわざ拘置所や刑務所に訪ねながら面会を断られた場合、断った殺人犯のほうも申し訳なく思うのか、後日、やはり面会に応じるという手紙が届き、面会できたことも何度かある。

とまあ、殺人犯に面会する方法は、大体こんな感じだ。面会受付時間や1日に可能な面会回数、差し入れのルールなどは刑務所ごと、拘置所ごとに異なるので、その都度、問い合わせるほかない。

ちなみに裁判で判決が確定し、受刑者という立場になった殺人犯については、刑務所は取材関係者との面会は許さないことが多い。死刑囚の場合、小泉毅の項で述べたように、面会を許される相手は家族や弁護人などのごく一部の人間に限られており、取材関係者との面会が許されることは通常ありえない。したがって、殺人犯に対する私の面会取材は、実は彼らの判決が確定する前に行なっている場合がほとんどだ。

兵庫2女性バラバラ殺害事件（平成17年）――警察の不手際も大問題に

高柳和也

「かんたんなことばだとわかるけど むずかしいことばはわからない。（ＩＱ63）」

【DATA】

犯行時の年齢：39歳
犯行の罪名：殺人、覚せい剤取締法違反、死体損壊、死体遺棄
裁判の結果：死刑（本書校了時点では未執行）
面会場所：大阪拘置所

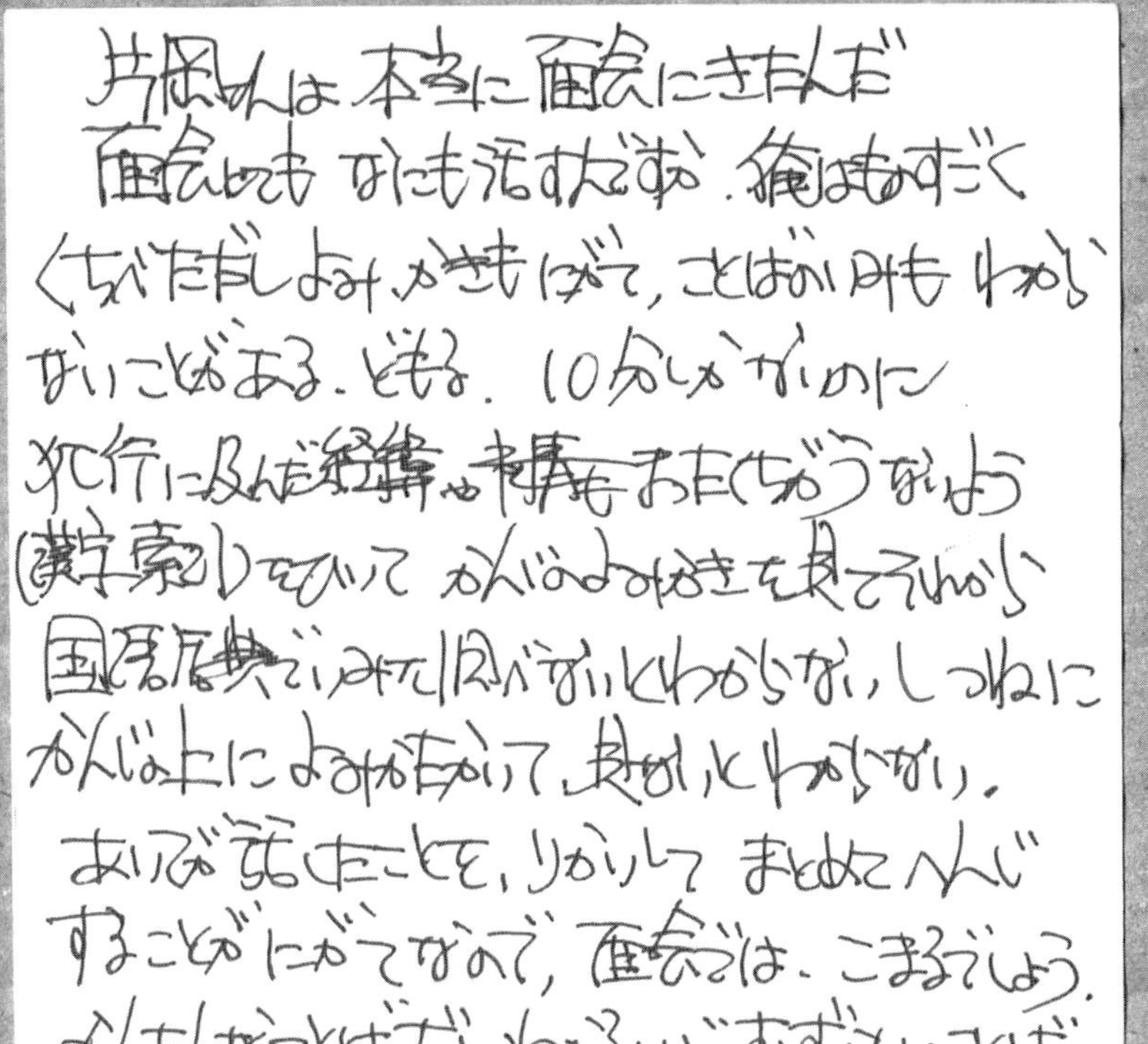
片岡さんは本当に面会にきたんだ
面会しても なにも話すだけ。俺はものすごく
くちべただしよみかきもにがて、ことばのいみも わから
ないことがある。どもる。10分しかないのに
犯行に及んだ経緯や事情もおおくちがうないよう
(漢字辞典)でひいて かんじのよみかたを見てそれから
国語辞典でいみを調べないとわからない、しつねに
かんじの上によみかたかいて見ないとわからない。
あいてが話したことを、りかいして まとめてへんじ
することがにがてなので、面会では、こまるでしょう。
かんたんなことばだとわかるけどむずかしいことば
はわからない。(IQ 63)
事件のことをはなすとなるとものすごくながく
なる。面会ではむり。(手紙でもしんどい。)
それでも、あいたいのであれば「1回」くらい
あってもいい、そのあとは「わからない。」
ざっしと(この前の13日)お菓子入れて

高柳和也から最初に届いた葉書。文面を見ただけで知的能力が低い人物だとわかる

きれいな目をした男

きれいな目をしているな……それが、高柳和也《たかやなぎかずや》と会った時に私が最初に思ったことだった。

2013年12月中旬、大阪拘置所の面会室。上下共に黒いジャージ姿でアクリル板の向こう側に現れた高柳は、すでに40代後半だったが、表情はあどけなく、実年齢より若く見えた。インターネット上では、獰猛そうなコワモテの顔写真が流布していたが、まったく別人のようだった。

「大変な時に訪ねてきてしまい、すみません」と詫びた私に対し、高柳はぼそっとこう言った。

「面会せんとこうと思うたんやけどね」

がっしりした体型をしているが、背は低い。人見知りする性格なのか、どこかおどおどしている。椅子に座ろうとしないので、私から「座ってください。私も座りますから」と言わねばならなかった。

愚鈍で弱々しい人物にしか見えないだろうこの

大阪拘置所

男は、しかし、まぎれもなく2人の女性を殺害した殺人犯なのである。少し前に裁判も事実上終結し、まもなく死刑が確定しようとしていた。

資産家と称していた殺人犯

高柳が起こした事件は、「姫路2女性バラバラ殺人事件」などと呼ばれている。その発生は、私が高柳と面会した時から9年近く前に遡る。報道されてきた事件の経緯は次のようなものだった。

2005年1月9日。当時39歳で、溶接工をしていた高柳は、兵庫県相生《あいおい》市の自宅で交際相手の女性A子さん(当時23・姫路市の会社員)をハンマーで頭部を殴って殺害した。高柳は自分のことを28歳で、会社を経営している資産家の息子だと偽ってA子さんと交際しており、金銭をめぐって口論になったことが犯行のきっかけだったという。

この時、不幸にもその場に居合わせたのが、A子さんの高校時代からの友人であるB子さん(当時23・大阪市の専門学校生)だった。高柳は、口封じのためにB子さんもハンマーで撲殺。それから風呂場で2人の遺体をのこぎりや包丁で細かく解体し、姫路港の海中や上郡町の山中に投棄したという。

この事件は大きく報道されたが、焦点が当てられたのは警察の不手際だった。高柳が逮捕された際、A子さんの両親がマスコミの取材を次々受け、警察捜査の杜撰な内実を告発したためだ。

両親が最寄りの警察署である姫路署にA子さんの捜索願いを出し、「事件として捜査して欲しい」と訴えたのは、同年1月20日のことだった。この時点でA子さんは行方がわからなくなり、10日ほど経っていた。しかし、姫路署はまともに取り合わず、捜査に動こうとしなかったというのだ。

そこで両親が頼ったのが、知人に紹介された兵庫県警の警察官、飛松五男《とびまついつお》（当時59歳）だった。現在はテレビのコメンテーターなどとして活躍する飛松は、長く刑事として犯罪捜査に携わってきたが、定年が2ヶ月後に迫っていた当時は、県警の交通部運転免許課に所属しており、犯罪捜査は管轄外だった。しかし、A子さんの両親の求めに応じ、私的に捜査に乗り出したのだった。

そして、ほどなく飛松は「ウエダ」という男に疑いの目を向ける。A子さんは行方不明になる直前、ウエダを家に連れて来て、両親に交際相手だと紹介していた。ウエダはこの時、A子さんの両親にも自分は28歳で、「資産家の息子」だと称していたという。

飛松はウエダの車のナンバーから、男の本名が「高柳和也」だと割り出し、住所も突き止めた。A子さんが行方不明になる直前に一緒にいた上、偽名を使っていたわけだから、どう考えても高柳は疑わしかった。両親はこの情報に基づいて姫路署に再度、捜査をするように依頼した。

これで、姫路署はようやく捜査員たちを高柳の自宅に向かわせたのだが……ここでまた失態をおかす。捜査員の1人が高柳の了承を得たうえ、家の中に入り、2階の部屋で意識朦朧とした少女がいるのを確認したのだが、高柳に任意同行を求めて断られると、そのまま引き上げてしまったのだ。

A子さんの両親はこの姫路署の対応に納得がいかず、再び飛松に応援を求めた。そして、今度は飛松が高柳の自宅に赴き、改めて高柳を厳しく追及したのだが、飛松はこの時の様子をのちに自著『歪曲捜査　ケンカ刑事が暴く警察の実態』（第三書館）でこう回顧している。

〈最初に高柳と対面したら、覚せい剤特有の甘いような口臭がする。それで、「コラー、シャブやっとるやろが！」と怒鳴りあげたら、「やってへん」と言う。「何やと、このワシをごまかせるとでも思うとんのか！」とさらに追及したら、ついに、「最近、やった」と認めおった〉（同書より）

こうして、高柳が覚せい剤を使用していた事実を掴んだ飛松は、所轄の相生署に応援を求めた。これで事態がようやく動く。相生署から駆けつけた捜査員が高柳を連行し、2階の部屋で意識朦朧としていた少女を保護したのである。翌日未明、高柳は覚せい剤取締法違反の容疑で緊急逮捕された。

兵庫県警はその後、A子さんが行方不明になっている件でも高柳を追及した。その結果、高柳はA子さんとその友人のB子さんを殺害し、遺体をバラバラにして海や山に捨てたことを自供した。そして、兵庫県警は高柳の供述をもとに姫路港からA子さんらの遺骨などを見つけ、5月10日、高柳を死体遺棄容疑で再逮捕する。この時点でA子さんが行方不明になってから、すでに5ヶ月余りが過ぎていた——。

A子さんの両親の告発により、こうした捜査の内実が明るみに出て、警察は批判にさらされた。さらに、警察がマスコミに対し、A子さんが風俗嬢だという虚偽の情報をリークしていたことも判明し、このことも一部の雑誌やテレビ番組で叩かれた。ひいては事件自体への注目も高まり、2人の女性を撲殺したうえ、遺体をバラバラにして遺棄した高柳の凶悪殺人犯ぶりも世に広く伝わったのである。

実は、この事件を起こす4年前の2001年にも高柳は車を運転中、27歳の主婦が運転する車と衝突する事故を起こし、その主婦と2歳の次女を死亡させ、4歳の長女にも重傷を負わせていた。この罪により、高柳は懲役1年2月の実刑判決を受けて服役したのだが、A子さんとB子さんを殺害する事件を起こしたのは、仮出所から2ヶ月余りしか経っていない時期だった。

野放しにしておけば、いくらでも人を殺しそうな野獣のような男。それが報道により形成された高柳のイメージだった。高柳はその後、2009年3月に神戸地裁姫路支部で死刑判決、翌2010年10月に大阪高裁で死刑を支持する控訴棄却の判決を受けたが、それは妥当な結果だと思われた。

IQ 63

私が高柳に取材依頼の手紙を出し、最初に大阪拘置所まで面会に訪ねたのは、2013年9月初旬のことだ。この頃、高柳は最高裁に上告中だったが、このまま死刑が確定すれば、面会や手紙のやりとりは一切できなくなる。そうなる前に、その実像をこの目で確かめたいと思ったのである。

ただ、私はこの時、大阪拘置所まで訪ねながら高柳に面会を断られている。そして、この時点で、高柳とは縁がなかったものと受け止め、取材は諦めていた。しかし、その数日後、高柳から「面会してもいい」という内容の葉書が届いたのである。

その葉書は一読しただけで、高柳が普通の人物ではないことがわかる内容だった。ここで引用してみよう（以下、〈〉内は引用。原文ママ）。

〈片岡さんは本当に面会にきたんだ
面会しても　なにも話すんですか．俺はものすごく　くちべただし　よみ、かきもにがて、ことばのいみもわからないことがある．どもる．10分しかないのに、犯行に及んだ経緯や事情もまったくちがうないよう（漢字索引）をひいて　かんじのよみかきを見てそれから国語辞典でいみを調べないとわからないしつねにかんじの上によみかたかいて．見ないとわからない．あいてが話したことを、りかいして　まとめてへんじすることがにがてなので、面会では、こまるでしょう．かんたんなことばだとわかるけど　むずかしいことばはわからない。（ＩＱ63）事件のことをはなすとなるとものすごくながくなる．面会ではむり、（手紙でもしんどい．）それでも、あいたいのであれば「1回」くらいあってもいい、そのあとは「わからない。」ざっしと（この週の13日）お菓差入れて〉（２０１３年9月10日消印の葉書より）

このように、高柳の文章は非常に拙いが、本人もそれは自覚しており、自分が読み書きも会話も苦手であることを私に伝えているわけだ。文字もクセが強いが、とくに、漢字を書くのは苦手なようで、判読が難しい字もあった。手紙に書かれた〈ＩＱ63〉という知能指数は「軽度の知的障害」に分類される数値だが、葉書の文面を見れば、高柳のＩＱが63しかないというのは本当なのだろうと思われた。

ともかく、〈あいたいのであれば「1回」くらいあってもいい〉とは言っているので、私は一度、高柳に会いに行こうと思った。そして、改めて高柳に関する下調べを始めたのだった。

資産家の家はくみ取り便所？

私はまず、国立国会図書館で『判例秘書』という判例データベースから高柳の裁判の第一審と控訴審の判決を入手した。2つの判決には、法廷で調べられた証拠により認定された「事件の経緯」が綴られていたのだが、それが報道の内容とかけ離れているので、私は少し驚いた。

大阪高裁が宣告した控訴審判決のうち、事件の核心部分がまとめられた箇所を引用してみよう。

〈関係証拠によれば、本件は、被告人（引用者注・高柳のこと）が、風俗店で知り合ったA（引用者注・被害者のA子さんのこと）との交際を継続するため、自らが資産家であるかのように振る舞ってAの歓心を買うとともに、Aの両親や暴力団関係者とされるAの伯父に対しても資産家のように嘘をいっていたが、Aとの交際を続けるためにAの求めに応じて現金を交付し、自らの資力に余る高額の買い物までしたものの、その後もさらにAから再三にわたり高額のブランド品や現金を要求され、約束を破れば伯父にいいつけるなどと言われたことから、要求に応じなければ、伯父などから自ら及びその家族に報復があるのではないかと思い悩むとともに、伯父の威勢を背景にそのような要求をする同女を疎ましく思い、憤まんを募らせていたところ、犯行当日、Aから高額の現金を強く要求されて頭髪を引っ張られるなどしたことがきっかけとなって、激高してAを殺害するとともに、殺害の事実が明るみに出るのを防ごうとして、その場に居合わせたB（引用者注・被害者のB子さんのこと）を口封じのため殺害したというものであると認められる〉

（『判例秘書』に搭載された高柳の控訴審の判決より）

見ておわかりのように、高柳が自分のことを資産家の息子だと偽り、A子さんと交際していたというのは報道の通りだが、それ以外は報道と様相がまったく異なっている。

まず、警察がマスコミに対し、A子さんは風俗嬢だったという虚偽の情報をリークしていたという件については、実際には、「A子さんは風俗嬢だったという情報が虚偽」だという情報こそが虚偽だった。警察がマスコミにリークしたとされる情報の通り、A子さんは風俗店で働いており、高柳が客として店にきた際に2人は知り合ったのである。

そして、その後、A子さんは高柳に対し、暴力団関係者である伯父の威勢を背景に高額のブランド品や現金を再三要求し、精神的に追い詰めたうえ、最後は頭髪を引っ張るなどして高柳を激高させ、殺害されていた……それが裁判で認定された、この事件の「事実」だった。

神戸地裁姫路支部が宣告した第一審判決では、高柳がA子さんから貢がされていた現金や品物が詳しく書かれているが、これがまた凄まじい。

まず、高柳はA子さんとの交際が始まった当初、会う際は1回2万円を渡す約束をし、その通りに実行していたという。だが、A子さんはほどなく要求額を5万円に引き上げた。高柳は要求通りに2度、5万円を渡したが、A子さんは要求額をさらに10万円に引き上げ、高柳がこれを断って2万円のみを渡すと、「要求通りにお金をくれないと、(暴力団関係者の) 伯父さんに言いつける」と言い出した。

高柳はさらに、A子さんから現金40万円を要求され、買い物をねだられた。そして、一緒に姫路市のショッピングセンターを訪れ、ブランド品のバッグやアクセサリー、携帯電話、黒いパグ犬を買い与え、約40万円を支払った。それから、2人で2泊3日の和歌山旅行に行き、この時も10万円を支払った。この旅行中もA子さんから現金40万円を要求されたほか、知り合いの質屋からブランド品が安価や無料でいくらでも手に入ると嘘をついていたこともあり、多数のブランド品をねだられた。

その後、A子さんは現金の要求額を40万円から70万円に引き上げてきた。一方、高柳はこの間、A子さんと知り合った当初は約100万円あった所持金が15万円にまで減少していた。しかし、A子さんからはなおも「伯父さんに言いつける」などと言われ、要求の実現を迫られていたという。

ちなみに、判決文には、高柳の家の2階で意識朦朧していた少女についても書かれていたが、高柳は当時19歳だった彼女とも風俗店で知り合っていたという。そして、この少女に対しても、自分は会社を経営する資産家の息子だと嘘をついて自宅に連れ込み、一緒に覚醒剤を使用していたというのだ。

私は、判決文が描き出したこのような事件の実相に、暗い気持ちになった。だが、まだ続きがある。

＊　＊　＊

10月3日、高柳の上告審で最高裁第一小法廷が最終審理のための公判を開き、弁護側と検察側の双方が意見陳述を行なった。私はこの公判を傍聴し、再び事件に対する印象を新たにした。

以下、弁護人がこの日行なった意見陳述の核心部分である。

「高柳さんは当初、たしかにA子さんに対し、自分のことを資産家の息子であるように言っていました。しかし、高柳さんの自宅は〝くみ取り便所〟でした。高価な装飾品を置いていたわけでもありません。しかも、高柳さんはどもりがありました。いわゆる〝風俗嬢〟をしていて、世の中の裏を知っているA子さんが高柳さんを資産家の息子だと信じ続けたわけがありません」

高柳は、A子さんから多額の金品を再三要求され、精神的に追い詰められて犯行に及んだが、自分は資産家の息子だと嘘をついていたため、第一審判決、控訴審判決共に〈自縄自縛に陥った側面が大きい〉と評価されていた。弁護側は、A子さんが高柳は資産家ではないと見抜きながら金品を要求していたのだと主張し、高柳の情状を良くしようとしたわけだ。

さらに弁護側はこんな主張もしていた。

「高柳さんは子どもの頃、いじめに遭っていました。知的障害者で、言語能力も低く、普通の人と対等な関係を結べない人でした。そのため、暴力団である伯父の存在も利用していたA子さんの言うなりでした。原判決は、高柳さんの知的能力を無視しています。高柳さんにとって、本件犯行は『窮鼠猫を噛む』というべき行為だったのです」

2015年10月3日、高柳の最終審理が行なわれた最高裁

高柳は定時制高校を中退後、職を転々とし、2度の結婚と離婚をしたのち、死亡事故を起こし、殺人犯となった。弁護人の主張が事実だとしても、高柳がA子さんとB子さんを殺害したことを正当化しうる余地は微塵もないが、高柳は凶悪殺人犯である一方で、「弱者」でもあったのだろう。

なお、弁護人に続き、検察官も意見陳述を行なったが、事実関係をとくに強くは争わなかった。

この審理から1ヶ月半余りを経た11月25日、最高裁第一小法廷は高柳の上告を棄却し、死刑を事実上確定させた。私が高柳のもとに面会に訪ねたのはその18日後のことだった。

かみ合わない話

日本の裁判では、最高裁が判決を出せば、それで裁判は事実上終わるが、10日以内であれば、当事者は最高裁に判決の訂正を申し立てることができる。これで本当に判決が訂正されることはまずないのだが、死刑判決が出ている事件では、弁護人がこの手続きをとるのが一般的だ。

上告棄却の判決が出た18日後に私が高柳に面会できたのも、高柳の弁護人が最高裁に判決の訂正を申し立てていたためだ。先述したように、死刑判決を受けた被収容者は刑が確定した時点で一般の面会や手紙のやりとりができなくなるのが通常だが、高柳は私が訪ねた時点ではまだ判決訂正の申し立てが棄却されておらず、死刑判決が確定していなかったのである。

再び、大阪拘置所の面会室。アクリル板越しに向かい合った高柳に対し、「判決訂正の申し立てはしたんですね」と水を向けてみたところ、要領を得ない答えが返ってきた。

「……べ、弁護士の先生がしてくれたみたいやね……4枚か7枚、送ってくれたみたいやね」

高柳の言葉はどもりがきつかった。弁護人が判決訂正の申し立てをしていたことは理解しているようだが、それがどんな手続きかは理解できていないように思われた。

――自分では、判決に不満はないんですか。

「……不満、ありますよ」

――では、弁護士の先生に判決訂正の申し立てをしてもらって、良かったんじゃないですか。

「……難しいからね」

かみ合わないやりとりが続いたが、私は高柳に対し、何より気になることを聞いてみた。

――このまま死刑判決が確定したら、高柳さんは再審請求をするつもりですか。

「……難しいみたいなんで」

――難しいから、再審請求はしないということですか。

「そ、それ、弁護士の先生がするかせんか、決めるというけど、難しいんでね」

――それは、再審請求の手続きが難しいという意味ですか。それとも、再審請求が認められるのが難しいという意味でしょうか。

「……そうですね」

――再審請求しないと、死刑執行されやすいみたいですよ。

「(なぜか、にっこり微笑み)そうみたいですね」

死刑判決が確定した殺人犯は、たとえ冤罪ではなくても、減刑を求めて再審請求するのが一般的だ。私が高柳に対し、再審請求をするつもりなのか否かを質問したのはそういった背景を踏まえてのことだったが、高柳との会話は今一つかみ合わない状態が続いた。知的能力の低さは予想以上だった。

そして、この時、私は改めて思った。仮にこの男が自分のことを「資産家の息子」だという嘘をついても、騙される人間などほとんどいないだろう、と。そこで、「失礼な言い方ですが、高柳さんは資産家の息子には見えませんね」と水を向けると、高柳は笑みを浮かべ、こう言った。

「弁護士の先生、言ってたやろ……こんな家、見ればわかるやろって」

——高柳さんの家は、くみ取り便所だったらしいですね。

「被害者の女の子、うちに1週間おったからね。向こうの家のほうがでっかいねん」

——高柳さんの家より、被害者のA子さんの家のほうが大きいという意味でしょうか。

「それじゃ、話が合わんて、逆にしたんです。話し言葉や持ち物でわかるやん」

相変わらず、高柳の回答は要領を得ない。高柳は身振り手振りを交えて話すが、その身振り手振りも意味不明だった。だが、高柳が言いたいことは伝わってきた。自分は何一つ資産家に見えるところがなく、被害者のA子さんが自分を資産家の息子だと信じていたはずはない、と言いたいのだろう。

高柳は最後にこう訴えた。

「伯父さんのことで要求されてね……家に、カネ取りに行ったりして……風俗のこと、親に隠してたさかい、俺は親にカレシやって紹介されたんや」

A子さんから暴力団関係者の伯父の威勢を背景に、高額のブランド品やお金を要求されたことを説明しているようだが、それがやはり高柳にとっては大きなプレッシャーだったのだろう。「そろそろ時間です」と立会の刑務官から面会の終了を告げられる。私は高柳に対し、話を聞かせてくれた礼を言い、「これから大変だと思いますが、体調に気をつけてください」と伝えた。これが最初で最後の面会になると思ったのだ。高柳は口元に笑みを浮かべ、頭を少し下げ、刑務官と一緒に面会室の奥のドアから出て行った。まもなく死刑が確定するのに、切迫感は感じられなかった。

主張が切々と綴られた手紙

その数日後、高柳から手紙が届いたが、それには事件に関する主張が切々と綴られていた。

〈調書は、上のことで、おもうように　とられたので　ちがう話しになった。

ことばの話しが　ものすごくにがてで　書くことも　ものすごくにがて、で、

捜査のときは　ほとんど「ひらがな」で　むずかしいことばのいみがわからない．

かんじがほとんどわからなかった。おもうようにとられるし、おもうように報告書も、つくられている。　きいてもいないことを　きいたように　話したようにされた。

本件のほとんどが　ちがう話しになってもた。

A子さん（引用者注・原本では実名）が、家を見た　あと、両親らにも　本当のこといってないのは「そんな関係でないから」

被害者にはじじっとちがうことになったのは　申しわけないとかんじます。〉

以上

（2013年12月）

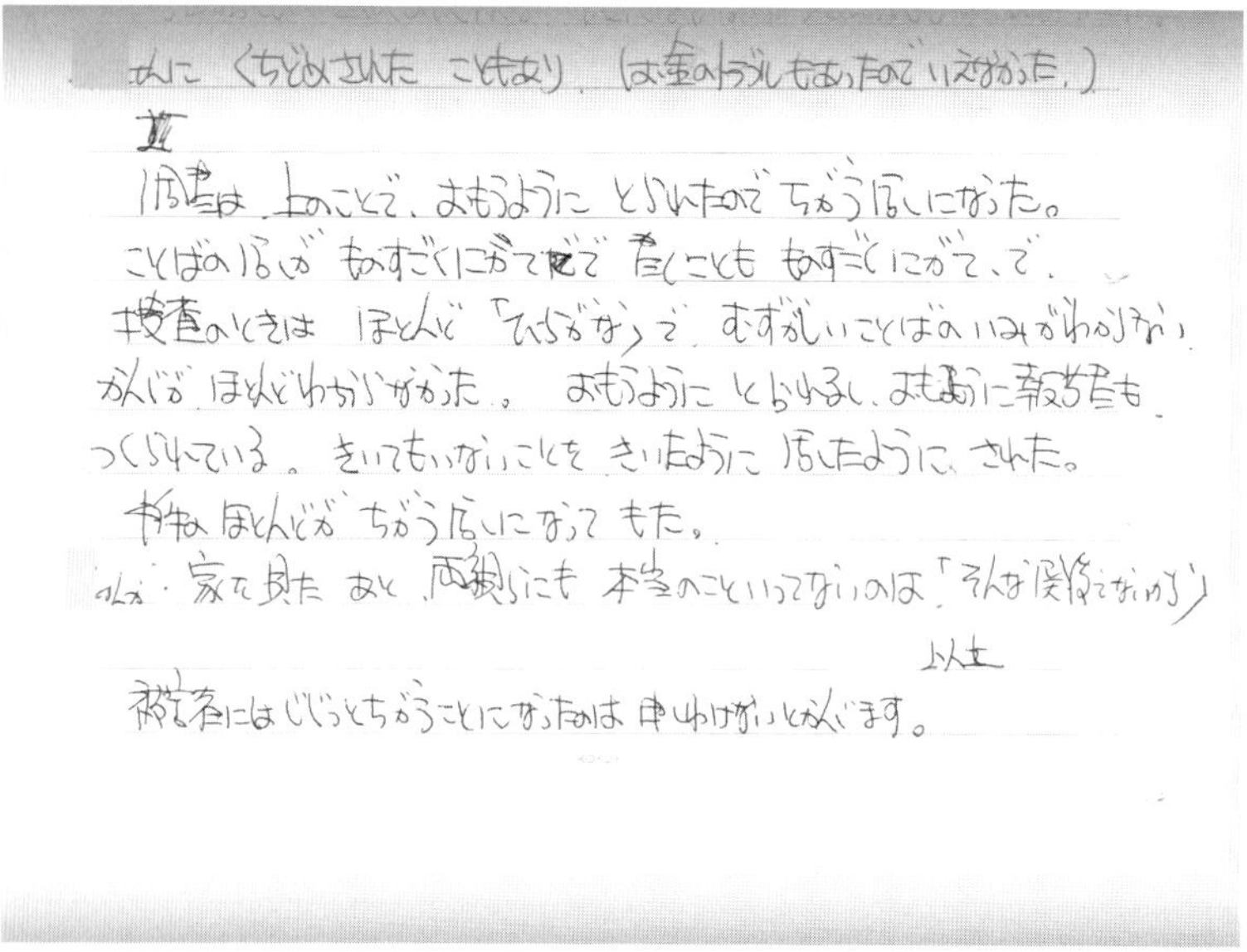
にくちどめされた ことがあり。(お金のトラブルもあったので いえなかった。)

陳述書は 上のことで、おもうように とられたので ちがう話しになった。
ことばの話が むずかしくにがてで 書くこともむずかしくにがてで、で。
捜査のときは ほとんど「ひらがな」で、むずかしいことばのいみがわからない。
かんじが ほとんどわからなかった。 おもうように とられるし、おもうように報告書も
つくられている。 きいてもいないことを きいたように 話したように された。
手紙 ほとんどが ちがう話になってきた。
家で見た あと 両親にも 本当のこといってないのは「そんな関係でないから」
以上
被害者には じじつとちがうことになったのは 申しわけないと かんじます。

高柳から最後に届いた手紙の一部。被害者に申し訳ないという思いも綴られていた（消印は2013年12月16日）

16日消印の手紙より）

この手紙も、「調」「話」「書」「告」などの漢字が正しく書けていなかった。文章はわかりにくいが、取り調べで言いたいことが言えず、捜査側の筋書きを押しつけられたのだと訴えているようだ。

意外だったのは、高柳が被害者に「申しわけないとかんじます」と言っていることだった。私は高柳の真意を知りたく、質問する手紙を出したが、返事は届かなかった。高柳は判決訂正の申し立てを退けられ、死刑確定者となったため、私への手紙の発信ができなくなってしまったのだろう。

私は高柳の家を自分の目で見て、「資産家の息子」が住むような家に思えるか否かを確かめたいと思い、

殺害現場となった高柳の自宅は取り壊されていた

相生まで訪ねたが、すでに高柳の家は取り壊され、更地になっていた。ただ、そのあたりは周囲を山に囲まれた田舎町で、周りの家を見ても、裕福な人たちが住んでいる地域には思えなかった。

雑草が伸び放題の更地の傍らには祠《ほこら》があり、2体の地蔵が祀られていた。被害者たちの遺族が供養のために祀ったのだろう。祠はあまり手入れされておらず、遺族が頻繁にお参りに来ているようには思えなかったが、遺族としても娘が殺されたこの場所には近づきがたいのかもしれない。

私は、2体の地蔵に手を合わせ、この地を後にした。

高柳の自宅跡地に祀られていた2体の地蔵

「被害者にはじじっとちがうことになったのは
申しわけないとかんじます」

（高柳和也）

取り壊される殺人犯たちの家

殺人事件や死亡事故、自殺などがあった住宅は「事故物件」と呼ばれ、相場より安く賃貸や購入ができることはよく知られている。だが、殺人現場となった家や殺人犯の住んでいた家が一軒家である場合には、事件後に事故物件として残らず、取り壊されているケースが多いのが現実だ。

たとえば、本書で面会記を紹介した8人について見てみても、以下の5人に関する事故物件が事件後、取り壊されている。

・高柳和也が暮らしていた家（被害者2人を殺害し、遺体を解体した現場でもある）
・藤城康孝が殺害した両隣の2家族の家
・千葉祐太郎が3人を殺傷した現場である元交際相手の家
・上田美由紀が子どもたちや詐欺の共犯者の男と暮らしていた家（平屋のアパート）
・新井竜太の母親の家（会社事務所としても使用。被害者の1人が殺害された現場でもある）

このほか、私がこれまでに取材した中では、稀代のロリコン殺人犯として知られる首都圏連続幼女誘拐殺害事件の宮崎勤が両親やきょうだいと暮らしていた家や、2010年に宮崎市で起きた家族3人殺害事件の奥本章寛《おくもとあきひろ》が家族と暮らしていた家（平屋のアパート）なども事件後に取り壊されている。取り壊しには当然お金もかかるが、忌まわしい物件はこの世から消し去ってしまいたいと考える所有者が多いということだろう。

では、殺人犯の家などが取り壊された跡地はどうなっているかというと、主に2つのパターンがある。

1つは、更地のまま残っているパターンだ。物件があった場所が田舎である場合はそうなってしまっているケースが多い。なかなか買い手が見つからず、再利用も難しいのだろう。

そしてもう1つは、駐車場になっているパターンだ。右に紹介した中では、宮崎勤の家の跡地が駐車場となっており、新井竜太の母親の家の跡地は駐車場とレンタル倉庫になっている。住宅以外の事故物件にも目を向けると、２００８年に16人が死亡する放火事件があった大阪市浪速区の個室ビデオ店「試写室キャッツなんば店」の入っていた雑居ビルも取り壊され、跡地は現在、コインパーキングとして再生されている。

一方、殺人犯の住んでいた家が取り壊され、その後に新たに住宅が建てられたケースがどれほどあるかというと、非常に少ないのが現実だ。私が過去に現地を取材した事件の中では、２００５年に起きた広島小1女児殺害事件のホセ・マヌエル・トレス・ヤギの部屋があったアパートが取り壊され、一戸建て住宅になっていたという例があるくらいだ。

反対に、私が現地に取材に赴いたところ、殺人犯の住んでいたアパートやマンションの部屋がいつまでも空き部屋のまま残っていた事例は少なくない。２００２年に発覚した北九州監禁殺人事件の監禁現場でもある松永太のマンションの部屋や、２００４年に起きた奈良小1女児殺害事件の小林薫のマンションの部屋などは、事件からゆうに10年を超す年月が過ぎてから訪ねたのに、空き部屋のままだった。しかも、いずれのマンションもほかの部屋の多くも空き部屋だったから、家主が被った損害は相当大きいはずだ。

殺人事件の現場を訪ねると、被害者は決して殺された人たちだけではないことがよくわかる。

加古川7人殺害事件（平成16年）――両隣の2家族を深夜に襲撃

藤城康孝

「チンピラみたいに酷いのが1人おんねん。用便もしとらんのに、『トイレちゃんとしとんのか！』いうて、お尻指さしたりするねん」

【DATA】

犯行時の年齢：47歳
犯行の罪名：殺人、殺人未遂、現住建造物等放火
裁判の結果：死刑（本書校了時点では未執行）
面会場所：大阪拘置所

藤城康孝が放火し、
全焼させた自宅の跡地

弱そうなオッサン

2013年9月初旬のある日、大阪拘置所の狭くて古い面会室。「加古川7人殺害事件」の犯人、藤城康孝《ふじしろやすたか》（当時56歳）は、アクリル板の向こう側に大柄な警備員と一緒に現れた。

私が、「はじめまして」と頭を下げると、藤城は「どうも」と言って、椅子に腰をおろした。胸にナイキのマークがプリントされた黒いタンクトップに短パン、サンダル履きというラフないで立ち。身長が160センチあるかないかという小男で、両の手足は骨と皮しかないほどにやせ細っていた。

私も椅子に腰をおろし、アクリル板越しに藤城と向かい合う。事前に雑誌で見た顔写真では、藤城はいかにも人を殺しそうな険しい顔つきをしていたが、目の前にいる小男は憑き物が落ちたような穏やかな表情をしていた。その第一印象を率直に記せば、「弱そうなオッサン」である。

報道で伝えられた凶暴な大量殺人犯のイメージとのギャップはあまりにも大きかった。

大阪拘置所

一夜に7人を殺害

アテネ五輪の開催が間近に迫っていた2004年8月2日、事件は兵庫県加古川市の中部に位置する西神吉町大国《にしかんきちょうおおぐに》という町で起きた。瓦屋根の古い家が立ち並ぶ住宅地と田園地帯が混在した、普段はのどかな雰囲気の町である。

藤城はこの町で生まれ育った男で、当時47歳。家族は両親と弟、妹がいたが、父は事件の十数年前に家出をしたまま行方知れずで、弟と妹は独立して家を出ていたため、藤城は生家で高齢の母親と2人で暮らしていた。逮捕後、犯行の動機をこう語っている。

「ずっと見下され、馬鹿にされ、邪魔者扱いされてきた。いつか殺してやろうと思っていた」

藤城がこのように強い殺意を抱いた相手は、藤城宅の東隣で暮らしていた伯母の藤城とし子さんの一家と、西隣で暮らしていた同姓の隣人、藤城利彦さんの一家であった。事件当日の深夜3時頃、藤城は寝静まっていたこの両隣の家に押し入り、持参した金づちと骨すき包丁で2家族の7人をそれぞれ次のような手段で殺害したのだった（犯行態様は、2009年に神戸地裁が藤城に宣告した死刑判決の認定に基づく）。

①藤城とし子さん（当時80歳）
金づちで頭部を何度も殴り、骨すき包丁で首を刺して殺害

②藤城勝則さん（当時55歳・とし子さんの長男）
骨すき包丁で胸から上を目がけて突き刺して殺害

③藤城義久さん（当時46歳・とし子さんの次男）
金づちで頭部を4、5回殴りつけ、骨すき包丁で胸から首を何度も突き刺して殺害
④藤城利彦さん（当時64歳）
骨すき包丁で上半身を目がけて数回突き刺して殺害
⑤藤城澄子さん（当時64歳・利彦さんの妻）
骨すき包丁で上半身を目がけて数回突き刺して殺害
⑥藤城伸一さん（当時27歳・利彦さんの長男）
骨すき包丁で何度も突き刺して殺害
⑦藤城緑さん（当時26歳・利彦さんの長女）
骨すき包丁で刺殺

藤城はこのほかにも、藤城とし子さん宅で勝則さんの妻・明美さん（当時50歳）の胸から上を目がけ、骨すき包丁で数回突き刺したが、明美さんは瀕死の重傷を負いながら辛うじて生命をとりとめている。藤城が逮捕後に語ったところでは、明美さんからは馬鹿にされたことがなく、刺されて弱っていたために、「放っておいても死ぬ」と思ったことなどからそれ以上の攻撃を加えなかったという。

藤城はこれだけの大量殺傷行為を40分程度で敢行し終えると、自宅の1階の畳や布団にガソリンや灯油をまいて、ライターで火をつけた。自宅に放火したのは、
「人殺したら、テレビに家が映る。こんな汚い家映ったら〝なり〟悪い」

という考えからだった。結果、木造2階建ての藤城宅は全焼している。

そして、藤城は放火後、車を運転して家を出て、少し離れた場所で壁に激突させると、助手席のシートにライターで火を放った。自らの生命も絶とうしたのだ。が、車に積んでいたガソリンに引火して燃え上がり、驚いて車から逃げ出してしまう。そして、駆けつけた警察官に取り押さえられたのだ。

この事故により両手足に火傷を負った藤城は、神戸大学附属病院に入院し、皮膚移植手術を受けた。そして、術後は高熱が出たりして、しばらくは取り調べができない状態が続いた。

この間、新聞などでは、現場周辺の住民たちが事件前、「包丁を持って追いかけられた」とか「ナイフのような物を投げつけてきた」などと藤城の異常な行動を繰り返し警察に訴えていたことが報じられた。そのために事件の発生を防げなかった兵庫県警も批判にさらされた。

8月31日、兵庫県警は容態が安定した藤城を殺人と殺人未遂の容疑で逮捕した。

私が藤城と面会したのは、これより9年の歳月が過ぎた頃だった。藤城はすでに裁判の第一審で死刑判決、控訴審でも死刑を支持する控訴棄却の判決を受け、当時は最高裁に上告中だった。

取材を断る理由は「職員のいじめ」

実を言うと面会に訪ねる前、私は藤城に取材依頼の手紙を出しながら、一度は藤城から取材を断られていた。それでも、私がダメ元で面会に訪ねたのは、藤城が取材に応じられないと告げてきた手紙の内容に関心を抱いたからだった（以下、〈〉内は引用。断りがない限り、原文ママ）。

〈お手紙拝読させて頂きました。どうも有り難うございます。私は今一部の（引用者注・大阪拘置所の）職員から挑発や嫌がらせを受け続け、精神的苦痛からとてもとても片岡様の望みに応じ兼ねます。弁護士さんや視察委員会（刑事施設当局から独立し一般市民及び専門家が参加し拘置所の運営や施設の改善に関わっている委員会）に苦情の手紙を出すのが精一杯で、自分の裁判の事より職員からのいじめの方が気になる程でして、誠に申し訳ありませんが、取材は辞退致したく思います（後略）〉（2013年9月5日付け手紙）

死刑判決を受けている裁判より気になる「拘置所職員からのいじめ」とは一体どんなものなのか。それが気になった私は、藤城に「職員からのいじめについてだけでも話を聞かせてもらえませんか」と依頼する手紙を改めて出したうえ、大阪拘置所まで訪ねた。結果、藤城は面会に応じてくれたのだ。

再び、面会室。アクリル板の向こう側でやや横向きに座った藤城に対し、私はこう話を切り出した。

「取材に応じられないという返事を頂いたのに、押しかけてすみません。差し上げた手紙にも書きましたが、藤城さんがここで職員から受けているいじめについて話を聞かせて頂きたく思ったんです」

藤城はどこかそわそわした様子で私の話を聞いていたが、やはり、「拘置所職員からのいじめ」については言いたいこともあったようで、前のめりになって話し始めた。

「いじめは、ここに来てからずっとですわ。2年近く我慢してたんやけど、我慢しきれんよう

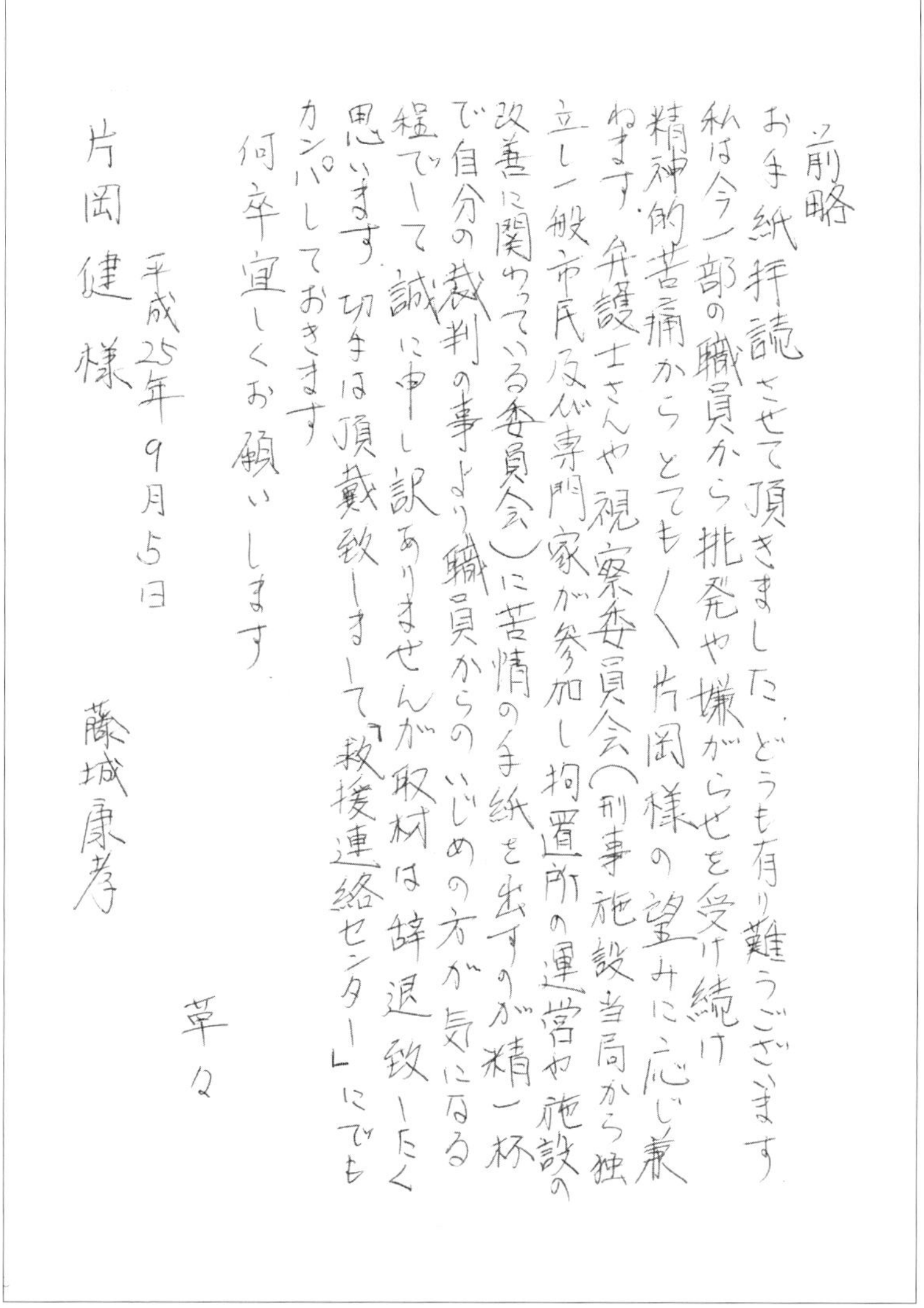
前略
お手紙拝読させて頂きました。どうも有り難うございます
私は今、一部の職員から挑発や嫌がらせを受け続け
精神的苦痛からとてもく片岡様の望みに応じ兼
ねます。弁護士さんや視察委員会（刑事施設当局から独
立し一般市民及び専門家が参加し拘置所の運営や施設の
改善に関わっている委員会）に苦情の手紙を出すのが精一杯
で自分の裁判の事より職員からのいじめの方が気になる
程でして誠に申し訳ありませんが取材は辞退致したく
思います 切手は頂戴致しまして「救援連絡センター」にでも
カンパしておきます
何卒宜しくお願いします
草々
平成25年9月5日
藤城康孝
片岡健様

藤城から届いた取材を断る手紙

になって、今は視察委員会に手紙をどんどん書いてます。2月には、視察委員会の人に面接してもらい、拘置所に『いじめはせんように』って言うてもらいましたわ」

弁護士や医師、地方公務員らで構成された刑事施設視察委員会は、全国各地の刑事施設（刑務所や拘置所のこと）に設置されており、各施設の適切な運営を保つために施設の長に意見を述べるなどの活動を行なっている。藤城はこの委員会に助けを求めたわけである。

私が、「視察委員会の人から拘置所に『いじめはしないように』と言ってもらっても、いじめは続いているんですか」と質問すると、藤城は「逆恨みされて、今は余計酷いことになっているんですわ」と言った。そしてジェスチャー付きで様々ないじめの被害を矢継ぎ早に訴えた。

「自弁で弁当を買いますやろ。職員がそれを（小窓から）房に入れる時、こういうふうに上下や横に揺するんですわ。せやから、弁当の蓋をあけたら、いつも中身がどっちかに寄ってるんですわ」

「わしが（房内の）トイレで用便しよったら、房の前の廊下を何度も行なったり来たりしてね、小窓から覗くようにジ〜と見てくるんですわ」

「わしは病気の後遺症でね、ちゃんとしゃべれへんでしょう。それをね、『そんなしゃべり方しかできんのか』と怒鳴られたりするんです」

本人が言うように藤城は滑舌が悪かったが、それはさておくとしても、私は藤城が訴える「拘置所職員からのいじめ」がピンとこなかった。弁当の中身がどちらかに寄っていたとか、トイレの際に小窓から覗かれたとか、「そんなしゃべり方しかできんのか」と怒鳴られたとかいうのは、仮に本当だとしても、その行為をした拘置所職員（刑務官）に「いじめ」の意図があったとは思えなかったのだ。

ありていに言えば、拘置所職員の職務中の通常の言動に対し、藤城が過敏に反応して悪意を読み取り、被害妄想にとらわれているだけではないか。それが私の率直な感想だった。

少年時代から人を刺していた

私は藤城の話を聞き、胸の中に「ある疑問」が湧き上がっていた。それがどんな疑問かを説明する前に、第一審・神戸地裁の判決をもとに、裁判で認定された「事件に至る経緯」を振り返っておく。

＊＊＊＊

藤城は生まれつき、けいれんや意識障害が発作的に起きる「てんかん」という持病があり、そのために表出性言語障害（言葉の理解はできるが、表現がうまくできない言語障害）にも陥っていた。それらが人格形成にも影響し、幼少時から短気で、些細なことにカッとなり興奮しやすい性格だった。

小学校2、3年生の頃には、嫌がらせをしてきた相手を、包丁を持って追いかけるように。中学時代には、喧嘩になった同級生を刃物で切りつけ、高校時代には、因縁をつけてきた同級生の腹部を刃物で刺す事件も起こしている。

殺害された伯母のとし子さんは、藤城の父の姉だったが、とし子さんの一家が「本家」で、藤城の一家が「分家」という関係だった。とし子さんは本家の権威を盾にとり、分家である藤城の一家を困らせ、藤城が家にいる時も見張るような行動をとったり、文句を言ったりしてきた。藤城は幼い頃から、そんなとし子さんを身勝手で、陰険な人物と思っており、また、とし子さんの息子である勝則さんや義久さんからも暴力を振るわれていたため、とし子さん一家から見下されていると感じていた。

やがて大人になった藤城は、とし子さんの姿を見るたびに憎々しげにこう言うようになった。

「あのくそ〝母屋〟が。許さへんぞ」

地元では、本家のことを「母屋」、分家のことを「新宅」と呼ぶ習わしがあったため、藤城はとし子さん一家を「母屋」と呼んでいたのである。

藤城が30代になった頃、父が家出をして行方知れずになると、母は近隣住民からそのことを根掘り葉掘り聞かれた。西隣の家で暮らす藤城利彦さんの妻、澄子さんらが道端で集まって話をしていると、藤城は母に、「また、あのガキら、うちの悪口言っとら」と言い、澄子さんらに石を投げたりした。

藤城はこの頃から、近隣住民が自分と母の会話を盗み聞きしているのではないかと思い、家の中にいる時も大きな声ではしゃべらないようになった。事件の前々年には、車を道に停めていた利彦さんの長男・伸一さんと言い合いになり、突き飛ばして尻餅をつかせるトラブルを起こしたりもした。

若い頃に職を転々とした藤城はこの頃、家の敷地内のプレハブ小屋でパンを作る仕事をしていたが、「パン作りもやめる」と言い出した。母がその理由を尋ねると、こう答えたのだった。

「業《ごう》沸いてしょうがないさかい、もうカタつけるんや」

そして、事件前日の２００４年８月１日。藤城は夕食中、外で水まきをしている近所住民を怒鳴りつけ、パン切り包丁を投げつけたり、別の近所住人の自動車のライトが自宅を照らしたことに「なんじゃあ」と激高し、骨すき包丁で刺そうとしたりした。
こうして、憤懣《ふんまん》を募らせた藤城は、ついに両隣の家に乗り込んだ——。

＊＊＊

以上が裁判で認定された「事件に至る経緯」だ。そして、私の胸の中に湧き上がった疑問とは、簡単に言えば、こういうことだ。

藤城が事件前に被害者たちから受けていた嫌がらせは、本当にあったことなのだろうか？

つまり、「とし子さんが本家の権威を盾にとり、分家である藤城の一家を困らせたり、藤城を見張ったりしていた」とか「近隣住民が藤城と母の会話を盗み聞きしていた」とか「澄子さんが近隣住民と道端で藤城の家の悪口を言っていた」とかいう話は全部、藤城の被害妄想だったのではないかと私は考えた。面会の際に藤城が訴えた、「拘置所職員からのいじめ」もおそらくそうであるように、だ。

藤城が、とし子さんの息子である勝則さんや義久さんから暴力を振るわれていたという話も仮に事実だとしても、どちらに非があるかは検討の余地があるのではないかと思われた。

何しろ、藤城は少年時代から包丁を持って人を追いかけ、同級生を包丁で刺したりしていた人物なのだ。そんな危険人物がいれば、周囲で暮らす人たちは普通、関わり合いにならないようにするはずで、周囲の人たちがよってたかって藤城に嫌がらせをしていたという裁判の認定は現実味を欠いていているように思えたのだ。

被害妄想

再び、大阪拘置所の面会室。アクリル板越しに「拘置所職員からのいじめ」を訴え続けてくる藤城だが、その話はなかなか尽きなかった。

「弁護士さんに手紙を書いても、コピーして回し読みしたりするんです。食べるのもトイレもすべて制限かけてくるしね。なんやかんやと規則を使って、いじめてくるんですわ」

私はこの話を聞き、「拘置所職員からのいじめ」は藤城の被害妄想ではないかとの思いをますます強くした。「手紙をコピーして回し読みする」というのは、拘置所で被収容者が手紙を発信する際に行なわれる「検閲」のことなのは明白だ。「食べるのもトイレもすべて制限かけてくる」というのは、刑事施設の被収容者は何かする際に逐一、職員（刑務官）の許可をとらねばならないので、そのことを言っているのだろう。要するに、拘置所職員たちが規則に従って職務を行なっていることについて、藤城は「なんやかんやと規則を使う」という手口で拘置所職員が自分をいじめていると思い込んでいるわけだ。

ここで、「藤城さんは、死刑が怖くないのでしょうか」と率直な疑問をぶつけてみたところ、藤城は意外な反応を示した。この質問に目をぱちくりさせ、黙り込んでしまったのだ。

私は気まずい雰囲気を感じ、「いじめのことばかり話されるので、死刑判決を受けている裁判のことは気にならないのかと思いまして……」とお茶を濁したが、藤城は、「裁判以前の問題ですわ」とだけ言った。一見、死刑のことは気にしていないようで、心の奥底では気にしているのかもしれない。

私がもう1つ気になったのは、タンクトップから伸びた藤城の両腕に広範囲に渡ってケロイドが残っていたことだ。そこで、「それは、事件の時に火傷した跡ですか」と聞いてみたのだが、藤城は少し間をおいてから、「ん、まあ」とだけ言った。どうやら事件のことにも触れられたくないようだ。

「家族は面会に来てくれているんですか」という問いに対しては、藤城は「まあ、月に1回やな」と言った。私が、「面会に来てくれるのは、弟さんですか」と重ねて聞くと、「弟やったり、妹やったり、姪っ子が来ることもあるけどな」との答えが返ってきた。この時も藤城からは少し気分を害したような雰囲気が窺われ、家族のことを聞かれるのも嫌なのだろうと思われた。

「時間や」と立会の刑務官が藤城に告げた。面会の制限時間がきたということだ。そこで私は、「明日も来ますから、裁判のことなども少し話を聞かせてもらえませんか」とダメ元で聞いてみた。

だが、藤城は「それなら断ります」と言った。「拘置所職員からのいじめ」以外のことは話さないという強い意思が感じられたので、私は「では、明日も可能なら、職員からのいじめの話を聞かせてもらえますか」と言い直したが、藤城は答えず、「どうも」と頭を下げ、面会室から出て行った。

3度行なわれた精神鑑定

「藤城が事件前に被害者たちから受けていた嫌がらせ」が本当は藤城の被害妄想だったのではないかと私が疑う根拠は、実を言うと、藤城と面会した際の心証だけではない。藤城はこの時までに精神科医3人の精神鑑定を受けているのだが、この3人は裁判で次のような鑑定意見を述べているのだ。

①山口直彦（神戸地裁が弁護人の請求をうけ、精神鑑定を命じた精神科医）の鑑定意見
「被告人は、犯行当時、妄想性障害・被害型に罹患していた。理非判断能力が著しく侵されていたと判断するのが妥当」（要旨）

②山上皓（神戸地裁が検察側の請求をうけ、精神鑑定を命じた精神科医）の鑑定意見
「被告人は、情緒性安定性人格障害と診断されるにとどまるが、心神耗弱と認められても不当ではないような精神状態にあった」（要旨）

③五十嵐禎人（大阪高裁が山口と山上の鑑定意見に関する鑑定を求めた精神科医）の鑑定意見
「被告人は、妄想性障害により、その判断能力に著しい程度の傷害を受けていたものの、判断能力が全くない状態にあったとまではいえない」（要旨）

見ておわかりのように、精神科医3人のうち2人が藤城について、「妄想性障害」に陥っているという鑑定意見を述べている。裁判では、「藤城が事件前に被害者たちから受けていた嫌がらせ」は事実だと認定されているが、精神鑑定では、それが藤城の被害妄想だったと疑わせる結果が出ていたのだ。

本当にそうであれば、殺害された被害者たちはとんでもない濡れ衣を着せられていることになる。

また、刑法第39条では、責任能力（善悪を判断し、それに従って行動する能力）が無い「心身喪失者」の行為は罰せず（第1項）、責任能力が著しく減退した「心身耗弱者」の行為は刑を減軽する（第2項）と定められている。3人の鑑定意見を見ると、藤城は犯行時、「心身耗弱」の状態にあったか、その状態にあったと認められても不当ではないような精神状態だったとも受け取れる。

つまり、精神鑑定の結果からすると、藤城は刑を減軽され、死刑を回避されてもおかしくない。

しかし、実際には、第一審の神戸地裁は「被告人が妄想性障害に罹患していたとは認められない」と判断して藤城に完全責任能力があったと認め、死刑を宣告した。控訴審の大阪高裁も「被告人の両隣の家族に対する殺意は、それぞれに先立つ被告人ら家族との確執を背景に、きっかけとなるもめ事が起こり、被告

第一審初公判の際、神戸地裁に入る藤城康孝を乗せたとみられる車両（共同通信社提供）

人がそれに憤慨したことによって形成された」と認定し、第一審の死刑判決を支持したのだ。

刑事裁判では、責任能力の判定は裁判官の専権事項とされている。そのため、精神科医らが被告人の責任能力を否定するような意見を述べても、このように裁判官が被告人に完全責任能力があったと認めることは珍しくない。だが、その判断は事実に即したものだったのか。私はその点を自分なりに確かめたく、翌日も藤城と面会するために大阪拘置所を訪ねたのだった。

律儀な一面も

今度こそ、面会は断られるのではないかとも思っていたが、藤城はこの日、笑顔で面会室に現れた。そして、開口一番、「あんなもん、せんでええのに」と言った。私は前日の面会後、大阪拘置所近くの差し入れ屋からお茶とジュースを藤城に差し入れたのだが、それが藤城の心を和ませたようだ。

この日の藤城は、昨日以上によどみなく「拘置所職員からのいじめ」を訴えた。

「食事を食べようとしたら、世話係が『食うんか!』いうて、脅してくるんや。顔見たら、『なんで人の顔見るんな!』いうて脅してくるしね。それで、めしをよう食わんようになったんや。めし食い出したら、ずっと見よるしね。逆に、めしが食えんかったら、強制給食や。食材を鼻から入れられるんや。風呂場でも『めし食わんか!』って言うてくるしね。寒いのに。チンピラみたいに酷いのが1人おんねん。用便もしとらんのに、『トイレちゃんとしとんのか!』いうて、お尻指さしたりするねん」

この日、藤城が訴えた「拘置所職員からのいじめ」は、職員が自分に向けた視線や言葉から被害妄想を抱いたとしか思えない話ばかりだった。事件前に被害者たちから受けていたという嫌がらせも被害妄想だったなら、被害妄想に囚われ続けた藤城の人生はさぞかし辛いものだったろう。むろん、その場合に一番気の毒なのは、被害妄想のために殺傷された被害者たちであるのは言うまでもない。

私は今後も藤城への取材を続けたいと思い、こう持ちかけてみた。

「できれば、今後も面会や手紙のやりとりを続けさせて頂き、拘置所でのいじめの話を聞かせてもらえないでしょうか。こういうことを記事にすれば、状況が良くなる可能性もあると思いますが」

藤城は、この私の申し入れを即座に退けた。

「そりゃ、あかん。いじめのことを記事に書いたら、また職員から仕返しがくるしな」

私は、仕返しなどくるはずがないと思いつつも、「それはそうかもしれませんが……」と調子を合わせた。が、藤城は私に対し、不信感を抱いているようで、こんなことを言ってきた。

「わしは、あんたが心配やったんや。いじめのことが聞きたいと言うてたのに、昨日も『死刑は怖くないいんですか』とか言うてくるしね。物見遊山で来てるんやないかと思うてな」

物見遊山で来ているというのは、決して間違いではないので、私は釈明のしようがなかった。

微妙な空気が流れる中、立ち会いの刑務官が藤城に「時間や」と言った。すると、藤城はさっと立ち上がり、「ま、縁があったら、また会いましょう」と言った。そして、私が「どうもありがとうございます」と礼を述べたのに対し、藤城は「どうも。どうも」と言いながら、面会室から出て行った。

そして、結局、これが私と藤城の最後の面会になった。私はその後も大阪で用事があるたびに大阪拘置所に立ち寄り、藤城に面会を申し込んでみたが、藤城は一度も面会に応じなかったのだ。

ただ、手紙を何度か出したところ、翌年の夏、藤城から次のように綴られた葉書が届いた。

〈何度も手紙ありがとうございます。片岡さんの心尽くしを受けておきながら誠に申し訳ないですが、面会は辞退致したく思います。どうかお元気で頑張って下さい〉（２０１４年７月14日付け消印の葉書）

「心尽くし」とは、私がお茶やジュースを差し入れしたことだろう。この程度のことを律儀に気にするのも藤城の性質なのだろうと思われた。

２０１５年５月25日、最高裁第二小法廷は藤城の上告を棄却した。判決では、藤城が妄想性障害に陥っていたことを認めつつ、「事理弁識能力《じりべんしきのうりょく》及び行動制御能力が著しく低下していたとまでは認められない」と判示されていた。そして、上告棄却からほどなく藤城の死刑判決は確定した。

死刑が決まって良かった

藤城の死刑が確定して３ヶ月余りが過ぎた２０１５年９月９月。私は、西神吉町大国の事件現場を訪ねた。現地で取材し、確認したいことがあったためだ。

藤城が放火し、全焼させた自宅の建物があった場所は更地になっており、残骸らしき石材が積み重ねられていた（94～95ページの写真）。そのかたわらには、藤城がパン作りをしていたという白いプレハブ小屋が残っていたが、その出入り口周辺は草が生い茂り、もう長いこと、誰も出入りしていないことが一目でわかった。

藤城宅の東隣にあった藤城とし子さん一家の家の建物は跡形もなく、跡地には多数の太陽光パネルが並べられ、周囲には有刺鉄線付きの金網が張り巡らされていた。一方、西隣にあった藤城利彦さん一家の家もすでに取り壊されており、家のあった場所は何の変哲もない更地となっていた。藤城はその殺人行為により、2組の家族を家ごとこの世から消し去ったのである。

藤城宅跡地の北側の家から中年の男性が出てきたので、取材させてもらおうと思って話しか

藤城がパン作りをしていたプレハブ小屋

藤城とし子さん宅は取り壊され、太陽光パネルが並べられていた

藤城利彦さん宅も取り壊され、更地に

けたところ、男性は目を大きく見開いて、「も、もう関わりたくないんでっ。すみませんけど」と逃げ込むように自分の家の中に引っ込んでしまった。

一方、少し離れた場所で、自宅前を掃き掃除していた初老の女性は、声を潜めてこう語った。

「うちは直接的な被害はなかったですが、あの家の周りでは、事件前から色々あったそうですね」

そして、女性はこう続けた。

「死刑が決まって良かったです。『無期になったら、どうしようか』とやっぱり心配でしたから」

私がこの地で確認したかったのは、藤城が地元の人たちからどう思われていたかだった。こうして地元の人たちの話を聞くなどした限り、やはり、藤城は事件前から地元で恐れられ、距離を置かれる存在だったようだ。ならば、やはり藤城が被害者たちから嫌がらせをされていたというのは、藤城の被害妄想だったのではないか。そして、裁判官たちも私と同じ疑念を抱きつつ、藤城を死刑にするために完全責任能力があったと認めて、疑念は胸の奥に封印したのではないか。私はそのように推論するに至ったが、当事者の多くが死者となった今、確かな真相を究明するのは難しい。それが私の限界だ。

本書校了時点で、藤城はまだ死刑執行されずに大阪拘置所で死刑確定者として収容されている。今もおそらく、死刑の恐怖より「拘置所職員のいじめ」に苦しみ続けているのだと思われる。

「ま、縁があったら、また会いましょう」
（藤城康孝）

「殺人犯が精神障害を装って刑罰を免れる」はドラマや小説だけの話？

大きな殺人事件を起こした犯人が、警察の取り調べや裁判の法廷で意味不明な言動をしたことが報道されると、「無罪になるために頭のおかしいように装う演技をしているのではないか」と疑う声がいつもあちこちで湧き上がる。日本の刑法では、責任能力（物事の善悪を判断し、それに従って行動する力）がない心神喪失者の行為は処罰しないこととされているためだ。

しかし、私の取材経験上、そういう演技をする殺人犯はドラマや小説の中に存在するだけで、現実にはほとんど存在しないのではないかと思われる。私は過去、裁判の法廷や面会室で意味不明な言動を示す殺人犯を何人も見てきたが、その誰もが明らかに「大真面目」だったからである。

本編で紹介した藤城康孝は、3人の精神科医から重篤な精神障害だと認定されながら、「拘置所職員からのいじめ」を大真面目に訴え続けたが、ああいうタイプの殺人犯は決して珍しくないのである。また、仮に殺人犯が頭のおかしいように装う演技をして、刑罰を免れようとすることがあったとしても、それが通用するほど日本の刑事裁判は甘くないのが現実だ。

たとえば、私が過去に裁判を取材した中では、法廷で奇声を発し続けた広島カキ養殖加工会社8人殺傷事件（2013年）の陳双喜《ちんそうき》や、「集落の住民たちに寄ってたかって嫌がらせをされた」と訴えていた山口5人殺害事件（2013年）の保見光成《ほみこうせい》、「日本政府は何十年も前から電磁波犯罪を行なっている」と告発していた淡路島5人殺害事件（2015年）の平野達彦らは、客観的にみて、心神喪失者だとしか思えなかった。しかし、裁判では、いずれも完全責任能力を認められ、陳は無期懲役、保見と平野は死刑を宣告されている（ただし、本書校了時点で保見と平野は裁判中で、まだ刑は確定していない)。藤城康孝の項で触れたように、裁判で被告人の責任能力の有無や程度を判断するのはあくまで裁判官なので、たとえ、精神科医が被告人の責任能力を否定するような鑑定意見を述べたとしても、裁判官たちは敢然と完全責任能力を認めて厳罰を科しているのである。

そういう刑事司法の実情は数字にも現れている。

まず、法務省の「犯罪白書」によると、統計が公表されている直近5年に裁判の第一審で心神喪失者と認定され、無罪判決を受けた被告人は2012年が3人、2013年が6人、2014年が5人、2015年が4人、2016年に5人……と毎年、ひと桁にとどまる。新聞データベースで調べたところ、この中に殺人犯は3人いたようだが、うち2人は刑が軽くなる傾向がある「家族間殺人」のケースだ。つまり、家族以外の人間を殺害しながら、裁判で心神喪失者だと認定されて無罪判決を受けた殺人犯は直近5年に全国で1人しかいないわけである。

他方、法務省の「検察統計統計表」によると、この間に検察が心神喪失のために不起訴にした殺人事件の被疑者は、2012年が92人、2013年が102人、2014年が84人、2015年が72人、2016年が80人……となっているから、やはり相当数の殺人犯が心神喪失者と認められ、刑罰を免れているのではないかと思われる人もいるかもしれない。だが、起訴されて裁判にかけられた精神障害の殺人犯たちですら症状は極めて重篤だから、検察が起訴を断念するほどの精神障害を患った殺人犯は、よっぽど壊れているのだろうと思われる。少なくとも、刑罰を免れるために頭のおかしいふりをしているだけの殺人犯を不起訴にするほど日本の検察が甘くないのは間違いない。

石巻3人殺傷事件(平成22年)——裁判員裁判で初めて少年に死刑判決

千葉祐太郎

「俺は死刑制度に反対していないし、死刑が意味のないことだとも思わないんですよ」

【DATA】

犯行時の年齢：18歳
犯行の罪名：傷害、殺人、殺人未遂、未成年者略取、銃刀法違反
裁判の結果：死刑（本書校了時点では未執行）
面会場所：仙台拘置支所

逮捕された千葉祐太郎と共犯者の少年を乗せたとみられる車をブルーシートで隠す宮城県警石巻署員（時事通信社提供）

東京ですかね……

少年が起こした事件については、少年法により本人の実名や容貌が推知できるような報道が禁じられていて、大半の報道機関はこの法の定めに従っている。しかし、現在、社会の注目を集めた少年事件では、事件を起こした少年の実名や顔写真がインターネット上でどんどん流布するのが恒例だ。

犯行時18歳だった「石巻3人殺傷事件」の千《ち》葉《ば》祐《ゆう》太《た》郎《ろう》も例外ではなく、２０１０年の事件発生後、その実名や写真がインターネット上で流布していた。私はそれを見て、髪全体を立たせ、口ひげを伸ばし、不適に笑う祐太郎に対し、いかにも〝ワル〟そうな少年だという印象を抱いたものだった。

そんな祐太郎と初めて面会したのは、事件から4年余りが過ぎた頃だった。２０１４年8月6日、仙台拘置支所の面会室。アクリル板の向

仙台拘置支所

こう側に現れた祐太郎はこの時点で23歳になっていたが、そのへんのコンビニでレジに立っていてもおかしくなさそうな普通の若者に見えた。

「突然訪ねてきて、すみません」と詫びた私に対し、祐太郎は戸惑いがちに少しだけ頭を下げた。黒いTシャツの上にピンクの長袖シャツを羽織り、下はジーパンという若者らしい服装。髪全体を立たせ、口ヒゲをたくわえたところはインターネット上の写真と同じだが、顔つきが穏やかになっていた。日に当たらないためか、肌は白い。背は170センチあるかないかで、思ったより小さかった。

「広島って遠いですよね？」

祐太郎は、私の居住地が気になったらしく、そう聞いてきた。私はわかりやすく説明しようと思い、「そうですね。大阪より西ですから」と答えたが、祐太郎はピンとこないようだった。そこで、「今まで行った中で、一番西はどこですか」と尋ねたところ、祐太郎は少し思案し、こう答えたのだった。

「東京ですかね……」

本稿を書いている時点で4年を超す年月が流れたが、祐太郎のこの言葉は強く印象に残っている。祐太郎が人を殺め、獄中の身となったのは18歳の時だったことをこの言葉で改めて実感させられたからだ。

祐太郎が生まれ育った石巻市と東京は300キロ余りの距離しかない。何も知らなければ普通の若者にしか見えない、この犯行時少年の殺人犯は、この程度の狭い世界しか知らないまま、人生を終えることになるのだろうか。私はそんな思いをめぐらせた。

祐太郎は２０１０年12月、仙台地裁で犯行時少年の被告人としては初めて裁判員裁判で死刑判決を受け、仙台高裁の控訴審でも死刑を支持する控訴棄却の判決を受けていた。当時は最高裁に上告中だったが、裁判で認定された犯行内容を見る限り、死刑が覆ることはないだろうと私は思っていた。

牛刀で３人を殺傷

事件は、２０１０年２月10日の早朝、宮城県石巻市の中心部からそう遠くない新興住宅街で起きた。現場は、この街の一角にある南部かつみさん（当時46歳）の家である。なぜ、この家が惨劇の舞台になったのか。事件が起きるに至った経緯を簡単に整理しておこう。

あとで振り返ると、すべての発端は前々年の夏、祐太郎と南部さんの次女・Ｉ子さん（当時18歳）が出会い、交際を始めたことだった。学校に行かず、定職にもついていない２人の交際は周囲の大人たちから反対され続けたが、事件の４ヶ月前には２人の間に娘も誕生していた。それでも祐太郎は定職に就かず、Ｉ子さんと一緒に母や祖母の家で暮らし、Ｉ子さんにＤＶ（ドメスティック・バイオレンス）を繰り返しており、Ｉ子さんはそのことを何度か警察に相談していたという。

そして、事件の数日前、Ｉ子さんはついに祐太郎との別れを決意し、娘を連れて南部家に戻ったが、祐太郎はＩ子さんを連れ戻そうと４日連続で南部家やその付近までやってきた。その４日目にあたる事件前日には、南部さんの長女で、Ｉ子さんの姉である美沙さん（当時20歳）と祐太郎が口論になり、居合わせたＩ子さんの友人・大森実可子さん（当時18歳）が１１０番通報する騒ぎになっていた。美沙さんは、ほかの誰よりも妹と祐太郎の交際に強く反対し、ずっと2人を引き離そうとしていたのである。

そして、事件当日。第一審判決と控訴審判決の認定によると、祐太郎の犯行はおおよそ次の通りだ。

＊＊＊

祐太郎は朝6時過ぎ、I子さんを連れ戻すため、後輩の少年A（当時17歳）を引き連れて南部家に赴いた。「邪魔する者がいれば殺害しよう」と考え、Aに万引きさせた牛刀を持参していた。

南部家で祐太郎が最初に刃を向けたのは、携帯電話で警察に通報しようとした美沙さんだ。祐太郎は美沙さんの肩をつかむと、牛刀を腹部に強く突き刺し、2、3回前後に動かして殺害してしまう。

この時、その部屋には、前出の実可子さん、美沙さんの友人で建設作業員の男性（当時20歳）の2人が祐太郎の来襲に備え、美沙さんやI子さんと一緒にいたのだが、祐太郎はこの2人にも攻撃の矛先を向けた。

まず、大声を上げ、四つん這いになって逃げる実可子さんをつかまえて立ち上がらせると、「おめえもだ」と告げ、「お願い。許して」と命乞いをされたのも構わず、胸部を数回、強い力で突き刺して殺害。さらに、建設作業員の男性に対しても、「落ち着け」となだめるのを意に介さず、右胸に牛刀を突き立てた。男性は命こそ取り留めたが、1週間の入院と2週間の安静を要する重傷だった。

そして、事件後、祐太郎はI子さんを自分の車で無理矢理連れ去った。その逃走中には、Aに罪をかぶせようと、身代わりで犯人になるように命令し、I子さんにも口裏合わせを求めていた――。

＊＊＊

以上が、第一審判決と控訴審判決で認定された祐太郎の犯行のあらましだ。祐太郎は結局、午後1時過ぎに石巻市内で宮城県警の捜査員らに見つかり、I子さんに対する未成年者略取と監禁の容疑で現行犯逮捕された。そして、その後、3人に対する殺人や殺人未遂の容疑も立件されたのだ。

この凄惨な事件の発生当初、マスコミでは、祐太郎がI子さんにDVを繰り返していたとか、高校を中退し、改造バイクを乗り回していたとか、素行が悪かったエピソードが次々に報じられた。おそらく、多くの人が報道を通じ、凶暴で卑劣な少年による凄惨な殺傷事件として受け止めたはずである。

私が2015年の夏に石巻の事件現場を訪ねた際、南部家があった場所は更地になっていた。事件後、

事件現場となった南部さん宅は取り壊され、更地に

ほどなく南部さんは病気で亡くなり、家ではその後、同居していた南部さんの母（事件当時73歳）が1人で暮らしていたのだが、この母も2013年に亡くなると、家は取り壊されたのだという。

近隣住人らは事件に関しては口が重く、事件のことがトラウマになっていることが察せられた。

事件の記憶がない？

再び2014年8月6日、仙台拘置支所の面会室。私は、アクリル板越しに向かい合った祐太郎に対し、あなたがどんな人で、どんな事件を起こしたのかということを直接取材させてもらいたいのだと改めて伝えた。すると、祐太郎から返ってきたのは意外な言葉だった。

「取材はいいんですが、俺自身、現場の状況はよくわからないんですよ。事件の時の記憶がないんで……」

私は一瞬戸惑い、「どういうことですか？」と聞き直す。祐太郎はこう説明した。

「俺が事件の日、I子の実家に行ったのは、I子の誤解を解くためだったんです。でも、I子の姉ちゃんに見つかり、ケータイで警察に通報されちゃって、そこから先は頭が真っ白になり、覚えてないんですよ。車で逃げたあと、共犯の人（筆者注・後輩の少年Aのこと。以下同じ）から姉ちゃんたちを殺したと聞かされても、最初はそれが現実だとは信じられなかったですからね」

話の全容が見えないが、祐太郎はどうやら、3人の被害者を刺したのは、知らないうちにやってしまったことだと言っているようだった。では、I子さんの誤解を解こうとしたとはどういうことか。

「I子が実家に帰る前、『自分はまだ祐太郎が好きだけど、もう祐太郎と付き合う資格がない』という置き手紙を残していたんです。だから、『俺も今でも好きだよ』とI子に伝えたかったんですよ」

——それだけのためになぜ、包丁を持って行く必要があったんですか。

「包丁は、I子の姉ちゃんたちを『殺すつもり』で持って行ったんじゃなくて、邪魔されそうになったら『脅すつもり』で持っていたものでした。今思うと、包丁で脅かそうという発想自体がやばいですが……俺、あの時、眠ってなかったんですよ」

——でも、裁判では、邪魔する者は殺そうと思って、包丁を持っていたような話になっていますね。

「取り調べでは、『遺族が極刑を望んでいる』と言われ、本当のことを言えなかったんです。それで、『脅かすつもり』で持って行った包丁が、『殺すつもり』で持って行ったということにされたんです」

この話をどう受け止めるべきか……と逡巡した私は、この次に祐太郎が発した言葉に息を飲む。

「そもそも、俺がI子の家に行く前から姉ちゃんたちを殺すことを計画していたら、そんなやばいことに共犯の人はついてこなかったと思うんですよ。俺と共犯の人が知り合って、つるむようになったのは、事件の1ヶ月ちょっと前くらいのことなんですから」

〝共犯の人〟こと後輩の少年Aも、祐太郎の指示により凶器の牛刀を万引きし、祐太郎に手渡していたことなどから殺人ほう助などの罪で起訴され、2010年12月に仙台地裁の裁判員裁判で懲役3年以上6年以下の不定期刑を言い渡されている（控訴せず、確定）。しかし、たしかに言われてみると、Aが知り合って1ヶ月の仲に過ぎない祐太郎のために、殺人行為を手伝うというのも変である。

「俺はあの時、I子の姉ちゃんが警察に通報しないように家にいた人全員のケータイを一度集めていたんです。でも、姉ちゃんが、『ケータイでバイトのシフトを見たい』と言うんで、ケータイを返したら通報されたんです。俺が最初から姉ちゃんたちを殺す気なら、ケータイを返さないですよね」

私はこの話に、無下に否定できない信ぴょう性があるように感じていた。祐太郎は語り口が自然だし、私に嘘をついても何の得もない。何より、祐太郎がこういうリアリティのある嘘をつけるほど創作能力が高いとは思い難かった。

脚色された犯行

「彼の行為で2人の方が亡くなり、1人の方が大怪我をされたというのはその通りなんです。しかし、どういう経過でそうなったかについて、大きく事実誤認があると私たちは主張しているんです」

そう語るのは、祐太郎の弁護団の1人で、弁護士の増田祥である。祐太郎の話だけでは事実関係がわかりにくいところもあったため、祐太郎の弁護団にも取材を申し入れたところ、仙台市内の増田の事務所で増田ら弁護団のメンバーが取材に応じてくれたのだ。

増田によると、弁護側が事実誤認だと主張する点は主に2点あり、1点は「殺害の計画性はなかった」ということで、もう1点は「残虐性が認められない」ということだという。

「彼は犯行時、頭が真っ白になっていたと言っていますが、実際、取り調べでも犯行の状況を具体的に語れていないんです。そのため、控訴審までに精神医学を専門とする2人の医師が彼を鑑定したんですが、2人に共通する意見が、〝情動行為〟による犯行だったというものでした。そのうち1人の医師は、彼が意識障害により記憶が一時欠損しているという鑑定結果も示しているんです」

〝情動行為〟とは、一体どんなものなのか。精神医学の文献では以下のように定義されている。

〈突発的に起こる情動の運動性爆発であって、出来《しゅったい》した行動に対し本人は心構えをする余裕がない。すなわち突然に燃え上がった憤怒とか、あるいは漠然とした不安から、判断の余地もなく遂行される行為が情動行為である〉（村上仁他監修「精神医学　第3版」藤縄昭執筆部分／1976年・医学書院）

つまり、「美沙さんが警察に通報しているのを見て、頭が真っ白になり、それ以降の犯行の記憶がない」という祐太郎の説明は、精神鑑定の結果にも裏づけられているわけだ。さらに、増田によると、上告審段階になって臨床心理士にも鑑定を依頼したところ、祐太郎は犯行時、自分が自分であるという感覚が失われる〝解離性障害〟に陥っていたという意見だったという。

また、第一審判決や控訴審判決では、犯行の計画性や残虐性について、後輩の少年Aの証言に基づいて認定されている部分が多いのだが、ここにも問題が存在していたという。

というのも、Aは取り調べや第一審の公判で、「祐太郎は被害者の家に入る前、『全員一気にブスブス刺せばいいべや』と言っていた」と犯行に計画性があったように証言。さらに、「祐太郎は、命乞いをする大森実可子さんを、『おめえもだ』と言って刺した」と語り、犯行の残虐性を印象づけていた。

しかし、そのAが控訴審の公判では、取り調べや第一審の公判で供述したことについて、「捜査官に指示され、事実と異なる内容の証言をしていた」と打ち明けているというのだ。

弁護団の佐藤由麻がこう説明する。

「共犯者の人（Aのこと）は自分の裁判が終わったあと、被害者のご遺族に『本当のことを話したい』と手紙を書き、控訴審の公判に証人として来てくれました。取り調べでは、本当のことを話そうとすると、『そういう言い方は被害者非難になる』『被害者のことを考えろ』などと言われ、本当のことが言えなかったそうなんです」

控訴審の公判で、そんな取り調べの内実を明かしたAは、「本当はI子さん宅に行く前、殺害するという話はなかったんです」と明かし、さらに祐太郎が大森さんを殺害した時のことについても、「大森さんが命乞いをする言葉も本当は聞いてないですし、祐太郎が大森さんを刺す際に、『おめえもだ』と言ったという記憶もないんです」と話すなど、第一審までの証言を覆していたという。

このように、裁判では、検察側の筋書きを支える証言が揺らぐ一方で、「被害者の家に行く前は殺害するつもりはなかった」という祐太郎たちの説明を裏づける事実も浮上していた。

主任弁護人の草場裕之はこう説明する。

「彼らは被害者の家に入る前、I子さんだけが出てきてくれないかと考え、外から家の中の様子を窺っていたんですが、I子さんは出てこないので、固定電話に電話し、玄関のチャイムを鳴らしてから家に入っています。最初から殺す気なら、固定電話に電話しないし、チャイムも鳴らさないでしょう」

裁判では、こうした弁護側の主張は退けられているのだが、私には、事実関係に関する弁護側の主張は説得的に感じられた。もちろん、経緯がどうだろうと、祐太郎が許されざる罪を犯したことに変わりはないし、被害者や遺族は死刑以外の量刑を到底受け入れられないだろう。だが、祐太郎の犯行は警察や検察が実際よりも悪く脚色した面もあるように思われた。

では、祐太郎が同行したAに罪をかぶせようと、身代わりで犯人になるように命令したという点はどうなのか。その点に水を向けると、草場は「それは、彼が卑怯だったところです」と言った。

「彼は本来、凶悪性を感じさせる人間ではありません。ただ、コミュニケーションがうまくないところや、自分中心に物事を考えるところもあるんです。それは直さないといけないところです」

祐太郎は面会の際、「弁護士たちには、厳しいことも言われているんです」と言っていたのだが、面会中もこういうことを直接指摘されているのかもしれない。

虐待があったから強くなれた

祐太郎は独房生活のため、会話に飢えているのか、面会中は自分から積極的に他愛もないことをよく話したが、とくに好んだのが「東京話」だった。

「東京って、こっちとシャワーの水が違いませんか？　なんかジメジメしているというか」

「マクドナルドって、仙台だと寝ていると追い出されるし、コンセントを使っても怒られるんですけど、東京だと寝てても、コンセントを使っていても大丈夫ですよね」

「若いカップルが一緒に上京すると、別れる確率が高いって言いますよね」

祐太郎は、人生で行ったことがある最西の地である東京について、こんなとりとめもない話ばかりしてきたが、東京に思い入れがあるのは、I子さんとの駆け落ちで訪ねた場所であるためだ。

「東京に駆け落ちしたのは、I子が妊娠した時、みんな出産に反対したからです。最初はネットカフェに泊まりましたが、4日目から節約のためにコインランドリーに泊まったら、すぐ警察に補導されました」

祐太郎は、この時に東京で滞在した街、高田馬場をとくに思い出深く感じており、この街を「ババ」と愛称で呼んでいた。ある時、「ババに行くことがあれば、街の写真を撮っておいてもらえないですか」と頼まれたので、東京出張の際に高田馬場で街並みを撮影し、写真を送ってやったら随分喜んでいた。

あの東日本大震災の発生は、祐太郎が事件を起こした翌年のことである。その時のことも聞いてみたが、やはり地元のことだけに随分心配したという。

「節電で暗い中、ラジオで死んだ人の数が次々に伝わってきて、頭がおかしくなりそうでした。お母さんやお祖母さん、I子の無事はわりと早くわかったんですが、施設に入っている娘のことがなかなかわからなくて。娘のことは、俺は簡単に教えてもらえないですからね」

翌年、河北新報社の出した報道写真集のような本を見て、震災時の石巻の様子が初めてわかったそうだが、「船が陸に刺さっている感じとか、ちょっと信じられない思いでしたね」とのことである。

新聞では「元解体工」という肩書だった祐太郎だが、働いた経験はほとんどない。そのためか、話し方などは実年齢より幼く感じられたが、一方で自分の考えにこだわる頑固な一面も持っていた。

たとえば、最高裁に提出した自筆の上申書には、事実関係の主張のみを書き連ね、被害者や遺族への謝罪や反省の思いを一切書いていないのだが、それも祐太郎のこだわりだ。

「謝罪や反省の思いは被害者や遺族に伝えることで、裁判所に伝えることではないと思うんです。それに、裁判所に提出した書面は検察を通じて遺族も読むそうなんで、俺が遺族への謝罪を書いていたら、遺族はいやだと思うんですよ。だから上申書には、事実誤認の主張だけを書くようにしたんです」

考え方としては一理あるが、反省していることを伝えなければ、情状が悪くなる可能性もある。そういうことは弁護士にも言われたそうだが、祐太郎は自分の考えを変えなかったようだ。

祐太郎は私との面会中にも被害者や遺族への罪の意識などについては、積極的に話さなかったが、手紙で一度だけ、〈「父親としてのオレ」と「過ちをしてしまったオレ」を考えると、気持ちがいっぱいいっぱいになるのです〉(2015年11月1日付け手紙)と胸の内を綴ってきたことがある。それならば、裁判所に提出する上申書にもそういうことを書いたほうが有利に働きそうだが、そのあたりは不器用なのだろう。

死刑判決に関する思いも聞いたが、祐太郎は「死刑か否かより、事実関係を精査して欲しいんです」と言った。裁判で事実関係に関する主張が認められていないことが何より納得できないらしかった。

「俺は死刑制度に反対していないし、死刑が意味のないことだとも思わないんですよ。それに自分のしたことについて、死刑にすべきか否かは俺が言うことじゃないと思っているんです。事実関係をちゃんと見てもらって、それでも死刑ならその時に俺がどう思うかですよね」

もう1つ、祐太郎の頑固さが窺えたのは、成育歴に話が及んだ時だった。

裁判では、祐太郎が子どもの頃、母親に虐待されたり、ネグレクトに遭ったりしていたことが明らかになっていた。さらに、祐太郎を虐待していた母親自身も再婚相手に暴力をふるわれていたのだが、祐太郎はそれを見ながら育っていた。このような不遇な成育歴は、裁判では被告人にとって情状面で有利に評価されうる事実だが、祐太郎本人は成育歴が取り沙汰されるのが嫌いなようなのだ。

「虐待の話は、弁護士は大事だと思っているみたいですが、俺はそうでもないんです。虐待があったから強くなれたと思ってますし。『かわいそうな子』みたいに言われるのはウンザリなんですよ」

実際には、不遇な成育歴は事件とは無関係ではないようなのだが、それはあとでわかることである。

ビンタは1発で暴力になると思っていなかった

私が祐太郎と最後に面会したのは、2016年5月27日。すでにこの前月、最高裁第一小法廷で弁護人と検察官が弁論を行なって上告審も結審し、あとは判決を待つばかりとなっていた。

「上告審の公判は出席できていないんで、正直、裁判をしている実感が沸かないんですよ。法廷に行っていれば、現実味が感じられたかもしれないですけど。控訴審まではだいぶ違いますよね」

この日、現在の心境を聞くと、祐太郎はそのように率直な思いを口にした。40〜41ページのコラムで述べたように、最高裁は死刑事件では、慣例として弁護人と検察官の意見を聞く弁論を開くが、被告人を出席させていない。祐太郎も最高裁に上申書を2通提出したが、この弁論に立ち会えなかったのだ。

この日、祐太郎には周囲の人たちへの思いを色々聞いたが、中でも印象的だったのは、I子さんに対するDVの話だった。実は裁判では、祐太郎とI子さんはいわゆる「共依存」の関係にあり、I子さんのほうも祐太郎を殴ったり蹴ったりしていたことが明らかになっているのだが、そのことに水を向けると、祐太郎が意外なことを言い出したのである。

「男のほうが力は強いんで、対等だったとは言いませんが、たしかにI子に殴られ、俺が殴り返していた感じでしたね。ただ、当時は俺、I子に暴力をふるったとは思っていなかったんですよ」

——どういうこと?

「片岡さんは、たとえばビンタは暴力だと思いますか？」

——まあ、思うけど。

「ですよね。俺も今はそう思うんです」

——？

「でも、当時は俺、ビンタは3発目から暴力だという感覚で、ビンタは1発で暴力になると思っていなかったんですよ。自分が子どもの頃、暴力が身近にありすぎて、感覚が一般の人と違うんです」

不遇な成育歴の中、祐太郎は暴力に関する歪んだ感覚を形成していたわけである。

ただ、祐太郎は母親を恨むようなことは一切言わず、むしろ母親に愛着を持っているようだった。

「お母さん、I子、娘の3人は、俺の人生を語るうえで欠かせないですね。お母さんとは色々経験し、自分が大人になって家族を持ったら、自分のような家庭には絶対しないつもりでした。でも、結果的に娘を自分よりはるかに厳しい状況にしてしまい、自己嫌悪になりますね」

私はこの時、すでに幼稚園に通う年齢になっている祐太郎の娘の立場を初めて意識した。彼女は、犯罪被害者遺族であると同時に、殺人犯の娘なのだ、と。やがて分別がつく年齢になった時、家に父親がいない理由について、彼女は誰から、どのように教わるのだろうか。

「娘が今どうなったか、写真だけでも見たいですね。俺とI子、どっちに似ただろうかと思いますよ」

そんな話をしたのが、祐太郎との最後の面会だった。面会した際はいつもそうだったが、祐太郎はこの日も別れ際、頭をちょっとだけ下げ、面会室を出て行った。

20日後の6月16日、最高裁第一小法廷は祐太郎の上告を棄却した。さらに、弁護人が行なった判決訂正の申し立てもその2日後に棄却され、死刑が確定した。そして、私は祐太郎と面会や手紙のやりとりができなくなったのだが、そうなる少し前に草場から電話があり、祐太郎の言葉を伝えてくれた。

「本人は、『これまで話を聞いてくれて、ありがとうございます』だそうです。それと、判決については、死刑はともかく、事実関係が受け入れられないそうです」

私は最高裁の判決公判に行けなかったが、裁判所のホームページで公開された判決文はA4でわずか3枚の短いもので、祐太郎がこだわった事実誤認の主張には一切触れられていなかった。

それが祐太郎には受け入れ難かったのだろう。祐太郎と弁護団は、死刑確定から1年半が過ぎた2017年12月、犯行の計画性や残虐性を改めて否定する再審請求を仙台地裁に行なった。


〈おことわり〉

事件発生以来、少年法の定めに従い、祐太郎のことを匿名で報道していたメディアの多くは、最高裁が祐太郎の上告を棄却し、死刑が事実上確定した時点で、「国家によって生命を奪われる刑の対象者は明らかにされているべきだ」（朝日新聞）、「社会復帰して更生する可能性が事実上なくなったと考えられる」（NHK）などの理由により実名報道に切り替えた。

私は、裁判の結果とは関係なく、祐太郎本人から実名報道を希望する意向を聞いたので、そのようにした。

一方、I子さんは、多くのメディアで実名を報道されているが、被害者であると共に加害者の身内的立場（祐太郎の娘の母親）でもあるため、匿名にした。

「娘が今どうなったか、写真だけでも見たいですね。
俺とI子、どっちに似ただろうかと思いますよ」
（千葉祐太郎）

私が見た少年殺人犯たちの実像

内閣府が２０１５年７月23日～８月２日に行なった世論調査によると、「少年による重大な事件が増えている」と思っている人が調査対象者の78・６％に及んだという。だが、結論から言うと、これは〝錯覚〟である。

法務省の「犯罪白書」によると、「少年による刑法犯、危険運転致死傷及び過失運転致死傷等の検挙人員」は１９８３年の31万７４３８人をピークに減少傾向で、近年は毎年、戦後最少記録を更新している。２０１６年は５万６７１２人だから、ピーク時の５分の１未満にまで減っているわけだ。

マスコミは、少年による重大な事件が起こると、大きく報道するのが常である。一方で、少年犯罪が減っていることを示すデータは、あまり大きく取り上げない。それゆえに世間の多くの人たちは、「少年による重大な事件が増えている」と錯覚しているわけである。

では、殺人などの重大な事件を起こす少年たちは一体、どんな少年たちなのか。

私が過去に面会したり、裁判を傍聴したりした少年の殺人犯たちについて言えば、誰もが見た目はどこにでもいそうな普通の少年だった。ただ、やはり何らかの複雑な問題を抱えた者が多かった。

まず、不遇な成育歴の少年はかなり多い印象だ。本章で紹介した「石巻３人殺傷事件」の千葉祐太郎もその１人だが、そのほかでは、２０１３年に広島市で起きた16歳少女リンチ殺人事件の主犯格の加害少女（犯行時16歳）も強く印象に残っている。

加害少女は元々、被害少女の友人だったが、ＬＩＮＥのグループチャットで口論になったのをきっかけに、仲間の男女６人と共に被害少女を車に監禁してリンチを加え、最後は首を絞めて殺害した。

裁判では、リンチは殴る蹴るにとどまらず、被害少女のこめかみにタバコの火を押しつけたり、胸をあらわにさせて辱めたりするなどの極めて悪質な態様だったと判明し、懲役13年の刑が確定した。

この加害少女の凶行の背景にあったのが、幼少時から祖母や母親に暴力を振るわれていたことだ。その被虐待経験が原因で、加害少女は複数の精神障害に陥っており、他者の苦しむ表情に興奮したり、血を見ると笑いそうになったりしたという。それが犯行をエスカレートさせた面もあったのだ。

殺人事件を起こすような少年は、何らかの発達障害や精神障害を有しているケースも目立つ。私が過去に取材した中では、2016年に福岡市で、同じ予備校に通う少女をナイフでメッタ刺しにするなどして殺害した男子予備校生（犯行時19歳）もそうだった。

この男子予備校生は、被害少女と交際し、セックスしたという妄想を抱いたうえ、被害少女から自分が「性病」だとか「レイプ野郎」だという噂を拡散されたと二重に妄想して殺意を抱き、犯行に及んでいた。精神鑑定では、社会的コミュニケーションが困難な「自閉症スペクトラム障害」に陥り、その症状の1つである被害妄想に囚われていたと判定されたが、裁判中はずっとボーッとしており、障害は重篤だと思われた。懲役20年の刑が確定したが、服役生活の中で治癒するのか、私は心配だ。

2014年に宗教勧誘員の高齢女性を自宅に誘い込み、殺害した名古屋大学の女子大生（犯行時19歳）も印象は強烈だった。「人を殺したい」という衝動を持ち、そのために犯行に及んだ彼女は、裁判で発達障害と認定されながら無期懲役判決を受けたが（本書校了時点では、最高裁に上告中）、公判では「弁護人も殺したいです」とさらりと言っていた。弁護側は「犯行時は心神喪失だった」として無罪判決を求めているが、最終的にどうなるにせよ、社会復帰するならば人を殺したくなる症状は完全に治癒しておいてもらいたい。

関西連続青酸殺人事件（平成19～25年）――小説「後妻業」との酷似が話題に

筧千佐子

「涙が出てきたけど……いい両親やったからね」

【DATA】

犯行時の年齢：61 ～ 67歳
犯行の罪名：殺人、強盗殺人未遂
裁判の結果：第一審は死刑判決（本書校了時点では控訴中）
面会場所：京都拘置所

逮捕後、警察車両の中で悲しそうな表情を見せた筧千佐子（朝日新聞社提供）

母校の甲子園出場を喜ぶ

〈おたよりありがとうございます
どこでくらしても　このニュースは　うれしいものですネ　夫も息子も野球をしてましたので〉
（2018年2月6日消印の葉書より）※〈〉内は引用。原文ママ。以下同じ

2018年2月上旬、京都拘置所の筧《かけひ》千佐子《ちさこ》（当時71歳）から届いた葉書は、そんな書き出しで始まっていた。前月下旬、千佐子の出身高校が選抜甲子園の出場校に選ばれた際、私はインターネット上の関連記事を印刷し、千佐子に送ってやっていた。千佐子からそのお礼状が届いたというわけだ。

葉書に黒と赤の細いマジックで書かれた文字はかなり崩れているが、それはいつものことである。不思議と読みにくさは感じない。葉書の文章はこう続いていた。

〈ただ一つ悲しい事は、いつも甲子園に応援に行ってましたので　それができない自分の身が悲しいです…シューン　でも考えずに、甲子園での一勝を願って留置所（引用者注・正しくは拘置所）のラジオで応援します

京都拘置所

……？〉

人は年を取り、昨日のことすら忘れてしまうようになっても、昔の楽しかった思い出はいつまでも覚えているものだ。千佐子もそうなのだろうか。大阪で最初の結婚生活を営んでいた30代、40代の頃、野球をしていた夫や小さな息子と一緒に、甲子園まで高校野球観戦に赴いていたのだろうか。

私はありふれた小さな家族の姿を想像しつつ、面会室での千佐子の特異な言動を思い返していた。

供述が激しく変遷した「後妻業の女」

高齢の男性を次々に毒殺し、多額の遺産などを手にしている60代の女が関西にいる――。

千佐子に関するそんな疑惑が表面化したのは、2014年春だった。当時の報道によると、千佐子は1994年に最初の夫を亡くして以後、結婚相談所で知り合った3人の男性と結婚したが、その全員が死亡。ほかにも交際した男性が次々に不審な死を遂げており、「被害者」は10人を超すと伝えられた。

そんな千佐子の経歴は、黒川博行が執筆した小説「後妻業」のストーリーを彷彿とさせ、千佐子はいつしかマスコミから「後妻業の女」と呼ばれるようになった。

当時、私がテレビで見かけた千佐子は顔にモザイクがかけられた状態で、大勢の取材陣に囲まれながら、「私は人を殺すようなアホな女やないです」などと疑惑を全面否定していた。が、同年秋、殺人の容疑で京都府警に逮捕される。容疑内容は前年12月、「夫」の筧敏夫さん（当時75歳）を青酸化合物で毒殺した疑い。さらに、府警は京都地検と共に千佐子の周辺でほかにもあった多くの不審死について調べを進める。その結果、千佐子が筧さん以外の70代の男性３人に対しても、遺産などを狙って青酸化合物を服用させていたと断定し、殺人罪や殺人未遂罪での立件にこぎつけたのだった。

　そして、２０１７年６月から11月にかけて、京都地裁で行なわれた裁判員裁判。弁護側は全面無罪を主張したが、千佐子は計４人に対する殺人と殺人未遂をいずれも有罪と認定され、死刑の判決を宣告された。弁護側は11月７日の判決当日、大阪高裁に即日控訴しており、本書校了時点ではまだ控訴審は開かれていないが、裁判の結果に疑問を投げかける声はまったく聞こえてこない状況だ。

　ただ、報道では、千佐子は逮捕後に認知症を発症し、公判中の被告人質問で供述が激しく変遷したと伝えられた。たとえば、弁護人

筧利夫さんの家。千佐子はこの家の中で筧さんを殺害した

から検察官や裁判官の質問に答えるかを聞かれ、「黙秘します」と述べていたのに、その直後、検察官から「筧さんに毒を飲ませたことに間違いはないですか」と問われると、「間違いないです」とあっさり認めてしまうほどだったという。

そうかと思えば、ほかの被害者については、「殺したという気持ちと殺していないという気持ちがないまぜになっている」などと言ったり、裁判官や裁判員に食ってかかったりしたことが報じられた。一方、法廷で「謝罪して」と訴えた遺族に対しては、千佐子は最後まで謝罪せずじまいだったという。

こうした一連の報道に触れながら、私は筧千佐子という特異な女性被告人が実際はどんな人物なのかについて、本人と会って確かめてみたいと思うようになっていた。

初対面で「あなたのこと覚えてるよ」

私が取材依頼の手紙を出したうえ、最初に京都拘置所まで千佐子の面会に訪ねたのは、千佐子が死刑判決を受けた3日後の2017年11月10日のことだ。が、この時は拘置所職員を通じ、面会を断られた。それでも、今後に望みをつなぐため、所内の売店で封筒や便せんなど手紙のやりとりに必要なものを購入し、千佐子に差し入れたところ、後日、千佐子から次のような葉書が届いたのだった。

〈前略

面会断わったのに差入れして頂いて、ゴメンナサイ．感謝です

私は、マスコミ嫌いなので　何かそんな風の人はあわない様にしてるのです

こちらに来るついででＯＫです
（交通）費がかかるので）立寄って下さい
次回お会いします
手ブラでね．お気づかいなしでV〉（２０１７年11月14日消印の葉書）
私は正直、この葉書の文面から千佐子に対し、「いい人」そうな印象を受けた。千佐子の疑惑を知っている私ですらそう感じるのだから、何も知らずに千佐子と交際や結婚をしたのち、不審死した高齢の男性たちも間違いなく千佐子に最初から好感を抱いたのだろう。
ともかく、「次回お会いします」とのことなので、私は改めて面会に訪ねることにした。そして、面会が実現したのは、葉書をもらった1ヶ月後の同年12月15日のことである。
千佐子はこの日、上はニット、下は八分丈のジーンズというラフな服装で京都拘置所の面会室に現れた。逮捕前、マスコミに追い回されていた頃の千佐子は、短くした髪を茶色く染め、いつも厚めに化粧を施し、身ぎれいにしていたが、面会室の千佐子は髪の大部分が白く、スッピンのために顔のシワとシミが目立った。直観的な印象を記せば、「関西のどこにでもいそうな小柄なおばちゃん」だった。予備知識がなければ、連続殺人犯とはとても思えないだろう。
アクリル板越しに向かい合って座ると、千佐子はいきなり予測不能の言葉を投げかけてきた。
「あなたのこと、憶えてるよ」
——私は今日、初めてお会いするのですが……。
「私、健忘症なんです。だからノートにね、いつ誰に会ったとか、〝評価〟とか書いてるんです。それで、〝嫌な奴〟と書いてる人間には会わない。あなたのことは〝嫌な奴〟と書いてなかったんで、こうやって面会室まで出てきたんです」

私は、この日までに取材依頼の手紙を出したり、千佐子からも前掲のような葉書をもらうなどしていたため、千佐子のノートには、これまでに面会したほかの取材関係者たちの名前と一緒に私の名前も書いてあるらしい。その私の名前の横には、〝嫌な奴〟とは書かれていなかったのだろう。

しかし、私が千佐子からもらった葉書の内容を話題にすると、千佐子は「私があなたにお手紙を出してた⁉」と驚いたように言い、きょとんとした表情を浮かべた。演技をしているようには見えず、認知症は予想以上に進行しているように思われた。

死刑判決を受けている現在の心境を尋ねると、千佐子はサバサバしたようにこう言った。

「もう今さら、どうのこうのないですわ。あした死刑になってもいいという気持ちです」

私が、「自分の罪を重く受け止めているということですか」と重ねて尋ねると、千佐子は「もちろんです」と言い、こう続けた。

「私、犬を飼っていたんです。犬の生命も大事ですけど、人の生命はそれ以上ですよね。私の罪は深いです。重いです」

独特の言い回しだが、やはり悪いことをしたという自覚はあるようだ……と、この時は思った。

「殺したのは1人だけ」

ここで、千佐子はどんな罪を犯したのかを改めて確認しておく。京都地裁の裁判員裁判で宣告された死刑判決では、千佐子は計４人の男性に青酸化合物を飲ませ、３人を殺害、１人を重篤な青酸中毒に陥らせたとされているのだが、これらの事件を時系列に沿ってまとめると以下の通りだ。

●1件目の事件（殺人未遂）

千佐子は、交際していた神戸市の男性・末広利明さん（当時78歳）から投資目的で金を借り、少なくとも約４０００万円の債務を返済する必要に迫られていたが、殺害して返済を免れようと考え、２００７年12月18日、元町駅付近で末広さんにカプセル入りの青酸化合物を服用させた。

末広さんは救急搬送されて治療を受け、一命をとりとめたが、青酸中毒に基づく全治不能の高次機能障害、視力障害などの傷害を負った（それから約1年半の入院生活を送り、亡くなっている）。

●2件目の事件（殺人）

千佐子は、２０１２年3月9日、大阪府貝塚市の喫茶店において、交際していた同市の男性・本田正徳さん（当時71歳）に対し、遺産を取得するなどの目的で、カプセルに入れた青酸化合物を服用させた。本田さんは店を出たあと、バイクを運転中に意識を失って転倒し、救急搬送された泉佐野市内の病院で亡くなった。死因は青酸中毒だった。

●3件目の事件（殺人）
千佐子は、2013年9月20日、兵庫県伊丹市の飲食店において、交際していた同市の男性・日置稔さん（当時75歳）に対し、その遺産を取得するなどの目的でカプセル入りの青酸化合物を服用させた。日置さんは青酸中毒に陥り、西宮市内の病院で亡くなった。

●4件目の事件（殺人）
千佐子は、2013年12月28日、「夫」の筧俊夫さん（当時75歳）の京都市向日市の自宅にて、その遺産を取得するなどの目的で、筧さんにカプセル入りの青酸化合物を服用させた。筧さんは青酸中毒に陥り、亡くなった。

以上、千佐子が裁判で有罪認定された4つの事件である。初めて面会した時から本書校了時点まで約1年、千佐子と面会や手紙のやりとりを重ねた中、千佐子は一貫して自分が人を殺めたことを認めていた。だが、実はこの4件の事件について、千佐子はすべてを自分の犯行だと認めたわけではなかった。

――実際のところ、何人殺したのですか。

面会した際、単刀直入にそう質したところ、千佐子は戸惑ったような表情を見せた。

「何人って……今、ノートに書いたやつはないから。『何人ですか？』といきなり聞かれてもねえ」

――マスコミでは、10人以上殺したように伝えられていましたが？

「マスコミは、〝人の不幸は蜜の味〟で、何でも書きますからね。それだけの人を一体いつ殺すんですか？　私が本当に10何人も殺してたら、5人目くらいで見つかって死刑になっていますって。私はたしかに筧さんを殺しました。でも、殺したのは筧さんだけです。それは声を大にして言います！」

千佐子は本当に声を大きくして、そう言った。筧さん以外の3人の殺人は無実を主張するわけだ。

「筧さん以外の人は殺す理由がないですから。私も殺人鬼やないし、理由もなく人は殺しません！」

――では、筧さんを殺したことには理由があったのですか。

「差別です」

――差別？

「差別と言っても、同和じゃないですよ。ベッピンかブスかということで差別されたんです。筧さん、前に付き合ってた人には、2000万円のお金を渡しているのに、入籍もした私には一銭も渡してくれなかったんです。私は筧さんにとって、夫婦生活付きのお手伝いさんみたいなもんでした」

この時も千佐子は真顔で言っていた。しかし、この話は信ぴょう性を欠いていた。

というのも、交際していた日置さんが亡くなった第3の事件があった2ヶ月後、千佐子は早くも筧さんと結婚し、その翌月に筧さんを殺害しているのだ。しかも裁判では、千佐子が筧さんとの結婚直後に別の男性と見合いし、交際を始めていたことも判明している。さらに、千佐子は筧さんを殺害した2日後、業者に手提げ金庫の解錠を依頼し、翌月以降も複数の金融機関から現金の引き出しを試みていた。この事実関係に照らせば、千佐子は結婚前から筧さんの殺害を計画していたのは明白だ。

筧さん以外の男性3人については、千佐子は「みんな、体が弱かったんですよ」と言った。

「末広さんは車に乗っていなかったんで、私がいつも車で病院まで送り迎えしていたんです。私があの人のためにどれだけお金をつぎ込んだか……。日置さんとは入籍していませんけど、私はあの人を車で病院に運ぶために一緒になったようなもんでした。本田さんなんて、普通のサラリーマンで、そもそも殺して金をとろうと考えるような対象とは違いますよ」

よどみなく話す千佐子からは、やましさのようなものは微塵も感じられなかった。しかし、千佐子のほうが男性たちを経済的に支えたというのは、事実関係と明らかに矛盾していた。

何しろ、判決文を見るだけでも、千佐子は本田さんの死により約1600万円の金融資産を取得しており、日置さんが亡くなった際も翌日に金庫の解錠を業者に依頼するなどし、短期間のうちに日置さんの金融資産の大半を手にしたことが判明している。しかも、本田さんは死の2ヶ月半前に、日置さんは死の18日前に、いずれも千佐子に全財産を遺贈するという公正証書遺言を作成していたのだ。また、千佐子が末広さんに、少なくとも約4000万円の債務があったというのは前述した通りだ。

千佐子は認知症により、これらのことを全部忘れてしまったのか。それとも元々、人を殺すことや嘘をつくことに罪悪感を一切覚えない人間なのか。千佐子の闇は思ったよりも深かった。

お逢いしたいで～す

千佐子に関しては、２人の取材者が本人と事件全般を丹念に取材し、本を上梓している。ノンフョクションライター・小野一光の『全告白　後妻業の女　「近畿連続青酸死事件」筧千佐子が語ったこと』（小学館）と、朝日新聞記者・安倍龍太郎の『筧千佐子　60回の告白　ルポ・連続青酸不審死事件』（朝日新聞出版）がそれだ。

２人の著書には、千佐子と面会や手紙のやりとりを重ねる中、千佐子が秋波《しゅうは》を送ってきたとか（小野）、謎の「女」アピールをしてきたとか（安倍）いうエピソードが出てくるのだが、こうした話は私にとって興味深かった。千佐子は私に対しても、同様のことをしてきたからだ。

たとえば、２度目の面会の時、千佐子は私の目を見すえ、「おばんになっても、若い男の人と会うのはいいですね」と言ってきた。私は冗談で言っているのだろうと思いつつ、正直少し戸

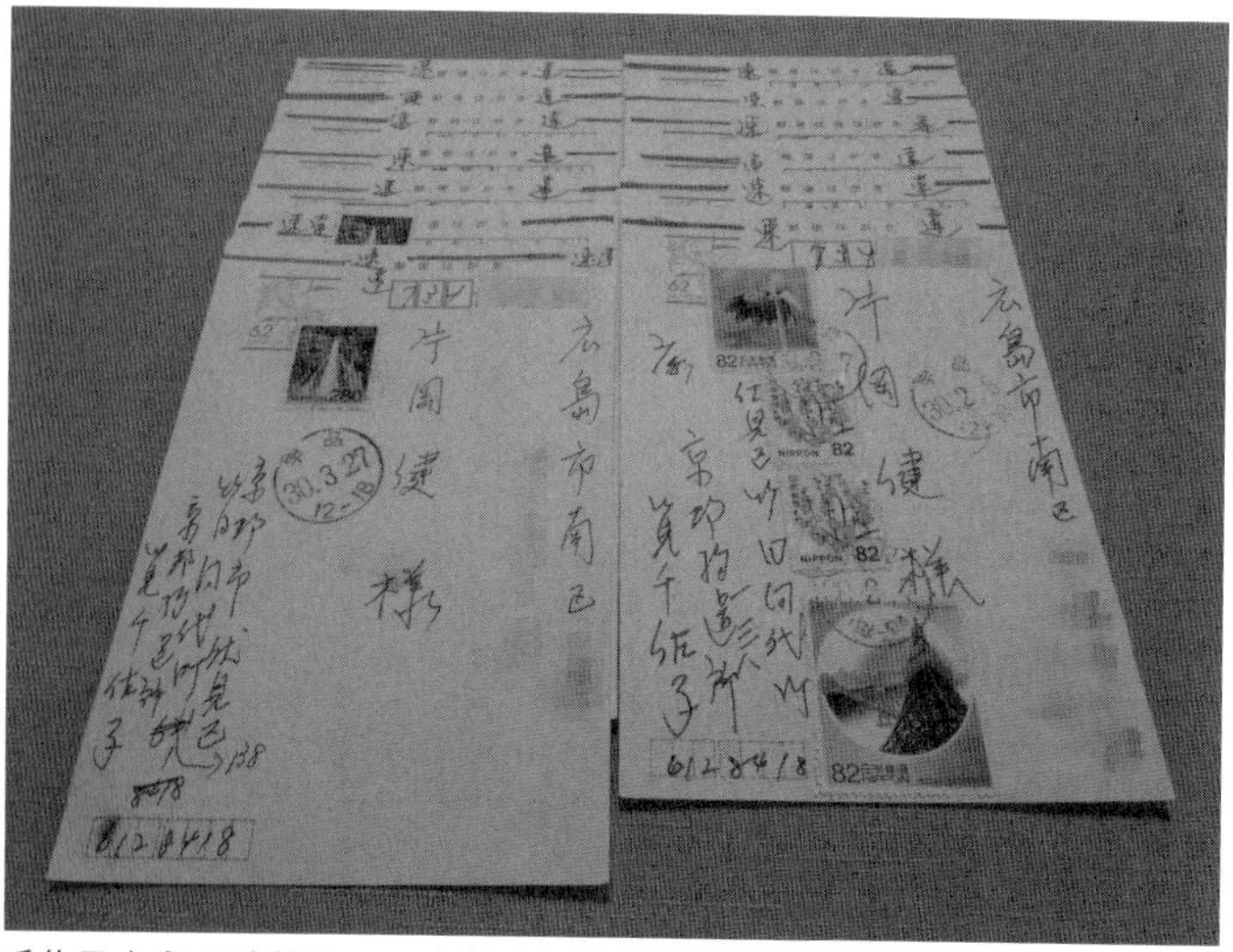

千佐子からの連絡はいつも封書ではなく葉書だった。不要な速達を使うことが多かった

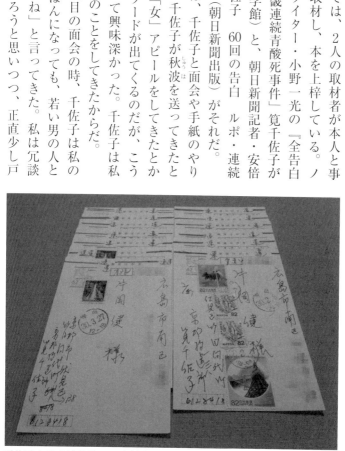

惑った。

また、千佐子からの通信手段はいつも葉書だったが、千佐子は葉書をくれるたびに気を引くようなことを書いてきた。たとえば、次のように。

〈亡夫の年金も高かったみたいで　私は、たなぼた（笑う）で　毎月使い切れないほど（笑う）年金もらってますので…（又笑う）健さんと近くだったらデートの時の費用、私が払うのに（笑）〉

（２０１８年３月15日消印の葉書）

〈本当にマジで心から、お逢いしたいで～す．首を長くしておまちしておりま～す〉

（２０１８年４月７日消印の葉書）

初めて面会して以来、本書校了時点までに千佐子からは葉書が全部で24通届いたが、そのうち13通はそうする必要もないのに、速達だった。私は手紙のやりとりをするために千佐子に切手を差し入れてはいたのだが、このように何度も速達で手紙をくれると、切手を差し入れる費用もかさみ、正直少し困った。

千佐子はこの筆まめさや、てらいのない愛情表現により、高齢男性たちを篭絡していたのだろう。

再婚は「生活のためですわ」

では、千佐子はどんな人生を歩み、今の人格を形成したのだろうか。

終戦翌年の１９４６年の11月、千佐子は長崎県で生まれた。が、母親は未婚で、生まれてすぐ福岡県北九州市の夫婦のもとに養女に出されている。養父は八幡製鉄（現在の新日鉄住金）

に勤めており、育った家に経済的な問題はなかった。1人いた兄も、育ての両親と血のつながりがなかったという。

出身高校の福岡県立東筑高校は野球強豪校であると同時に進学校であり、千佐子は母校に今も思い入れを抱いていた。ある時の葉書には、〈福岡県下トップの進学校なのに高校野球甲子園、春の選ばつ　夏の大会、何度となく出場してるんですヨ〉（2018年2月8日消印）と書いてきた。東筑高校は今も昔も多くの卒業生が九大（九州大学）に進学しているが、千佐子も高校時代は九大進学を希望していたという。

が、千佐子は結局、大学には行かず、高校卒業後は住友銀行の地元の支店に就職している。「私の友だちもみんな、九大に行ってるんで、私も行きたかったですよ。でも、兄が頭悪くて高校行ってないんで、私だけ大学行ったら笑われるよ、と思って就職したんです」

千佐子はこのように、自分の意思で九大進学をやめたような話しぶりだった。が、前掲の安倍の本では、千佐子は安倍に対し、大学進学は父の反対に遭って断念したと話し、「あそこで人生が狂ったね」が口癖だったと書かれている。千佐子にとって、大学進学断念のいきさつは保身のために嘘をつく必要はないことだ。父親のことを悪く言いたくなくて、私には事実と違うことを話したのかもしれない。

住友銀行に就職した千佐子は、桜島を旅行中に知り合った大阪府の男性と交際し、24歳の時に結婚している。そして、大阪で最初の結婚生活を営み、1男1女をもうけた。

「最初の旦那さんとは、結婚して良かったと思いますか」と単刀直入に聞いたところ、千佐子は「そりゃ、最初の男ですからね。『この男、イヤやな』とか『この男、殺そう』と思いながら結婚する人なんか絶対いないでしょう」と言い、こう続けた。

「ただ、結婚して、生活がかかってきたら、相手のことが好きかどうかより、まず食べていかんとあかんから。子どもが産まれたら、子どもを育てんといかんし。そっちがウエイト大きくなるからね」

そんな話しぶりからは、千佐子が当時はまだごく普通の妻であり、母親であったことが窺えた。ちなみに、人生で一番幸せを感じた時はいつかと聞いたら、「それは子どもを産んだ時ですよね」と即答だった。しかし、逮捕後、子どもたちは面会に一切来ていないそうで、さばさばした口ぶりで言った。

「エエことして捕まったわけやないから当然ですよね。今はもう最初から自分には子どもはおらんかったと思うようにしています。子どもがおったと思ったら、しんどいですから」

千佐子の話を聞く限り、人生の一番の分岐点だったように思えるのが、最初の夫の病死である。結婚から20年余りが過ぎた頃のことで、千佐子は当時47歳。子どもたちはすでに大きくなっていたが、夫婦で営んでいた印刷会社を女手一つで切り盛りしなければならなくなったのだ。

「会社の工場を建てるのに借りた銀行のローンが1000万とか2000万とかあったんです。それを返すのに〝必死のパッチ〟ですわ。でも、結局、バブルがはじけたら、会社もバーンといってしまったんです」

50代の半ば頃、印刷会社は廃業。千佐子が複数の結婚相談所に登録し、見合いを重ねるようになったのはこれ以降のことだ。再婚を考えた事情を尋ねたところ、千佐子の答えは明快だった。

「生活のためですわ。男が好きとか、セックスが好きとかじゃなくてね。仕事は続けなあかんし、借金は返さんとあかん。それが第一。やっぱり商売してたら、男の人の手も必要ですから」

――そのために好きでもない男性と結婚していたのですか？

「好きじゃない人とは結婚しませんよ。でも、そこそこの経済力があり、私の生活を支えてくれる人というのが条件でしたね。私も借金があるんだから、男の人から頼られたら困るじゃないですか」

このあたりは正直に話しているように思えたが、これ以前、「筧さん以外の3人の男性はむしろ自分が経済的に支えていた」と話していたのとは矛盾している。千佐子はそれに無自覚のようだった。

ちなみに、千佐子が犯行に用いた青酸化合物は、営んでいた印刷会社で印刷の失敗を消すために使っていたものだ。それを印刷会社の廃業後も持ち続けた理由を質すと、千佐子は「捨てるところがなかったからです。青酸を捨てているのを犬が触れれば犬が死ぬし、人が触れれば人が死ぬでしょ。人を殺すつもりで、青酸を捨てずに持っていたわけじゃないですよ」と答えたが、不自然な印象は否めなかった。

ところで、千佐子はどうやって男性たちを次々に篭絡したのか。「男性に好かれる独自のテクニックみたいものがあるのですか」と質問したところ、千佐子は「そんなん一切ないですよ」と笑った。

「私はいつも自然体です。結婚できたのは、私が誰にも陰日向なく接して、炊事や洗濯、掃除という女としての仕事もちゃんとできたからやないですか。体も元気やからセックスもできました。だからベッピンじゃなくても、男の人らは80点くらいに評価してくれてたんでしょう」

千佐子はそのように自己分析してみせると、こう付け加えた。

「私も相手の良いところを見るようにしていました。再婚やから、理想を高く持ったら結婚できないから。〝このへんかな〟という気持ちにはなるように努めていましたね」

――では、被害者とされている4人の男性にはどんな良いところがあったのでしょうか？

「まじめなところですね。私、遊び人の男は嫌いやから。末広さんにしても、本田さんにしてもほんまに優しい、エエ人やったですよ。まじめな人は、お金がないですけどね」

殺害した男性たちのことをにこやかに語る様子からは、罪の意識がまったく感じられなかった。

育ての親への特別な思い

千佐子は逮捕されていなければ、まだまだ結婚と殺人を繰り返していたのだろう。私は千佐子と対話を重ねるうち、そう思うようになった。

ただ、私は一方で千佐子のことをだんだん悪人だとは思えなくなっていた。悪人というより、何か重篤な精神医学的な問題か、心理学的な問題を抱えた人物なのではないかと思うようになったのだ。

それが確信に変わったのは、筧さんの遺族のことに話が及んだ時だ。「筧さんのご遺族に申し訳ないという思いはないですか」と尋ねたところ、千佐子は「ないですね」と言い切り、こう続けたのだ。

「だって、私が殺したのは筧さんですよ。遺族を殺したわけじゃないですから。筧さんには、申し訳ない気持ちがありますが、遺族の人に申し訳ないという思いなんかないですよ」

どうやら千佐子は、家族が殺された人たちの気持ちがまったく想像できないようなのである。そんな千佐子が面会中に一度、人間らしい感情をあらわにしたことがある。それは「育ての両親」のことに話が及んだ時だった。

産まれてすぐ養女に出された千佐子だが、実は大人になるまで自分の出自を知らなかったという。育ての両親から自分の出自を聞かされず、戸籍にも養女ではなく実子として入れられていたためだ。

「それがある日突然、産みの親やという人から手紙が届いたんですわ。もう心臓パクパクですよ。それで自分は両親の実子じゃなかったことが初めてわかったんです」

――それで産みの親には会ったんですか？

「育ての親が死んでから会いました。私は、筋を通したい女やから。育ての親が生きているうちに、産みの親に会ったりしたら裏切ることになるやないですか。私、育ての親のことは『こんな立派な親、日本中探してもほかにおらん』と思うくらい好きやったから」

――産みの親に会ってみて、どうでした？

「向こうは喜んでましたね。私はシラけてましたけど。なんで、今ごろアンタに会わないかんの？　という思いでしたね」

――やっぱり育ての親のほうが大事なんでしょうか？

「育ての親が大事です。今でも大事……」

そこまで話した時だった。千佐子が感極まり、目から涙をポロポロこぼし始めたのは。

千佐子は、目を手で拭いながら話し続けた。

「涙が出てきたけど……いい両親やったからね。あとでわかったけど、お母さん、若い時に子宮の病気をしてたみたい。子どもが産めないということで、私をもらい子したみたいやね。本当にいい親で、私の子どもも『お祖母ちゃん良かったよな』って言ってましたから」

千佐子にとって、育ての親はこの世で特別な存在であるらしい。それはよく伝わってきた。

「育ての親は、模範にしたいような人でした。私は、こんな犯罪を犯しましたけど。今でもあの両親は尊敬しています」

千佐子は泣きながらそう言い、にこりと笑った。私が、「育ててくれた両親には申し訳ないという気持ちはあるのですか」と尋ねたところ、「うん」と頷いた。そして、冗談めかして、こう付け加えた。

「産みの親には一切、申し訳ないという思いはないけどね」

千佐子は認知症のためか、育ての親と血のつながりがないことを知った時期を記憶していなかった。だが、自分の出自を知ったショックが人格を歪めた可能性がありそうに思えた。

後日、千佐子から届いた葉書には、意外なことが書いてあった。育ての母親の旧姓は、実は私と同じ「片岡」だというのだ。

〈だから　あなたからの葉書をみるたびに母を想い出す．そしてメランコリックになるのです（少女趣味？ですネ……）〉

（２０１８年１月10日消印の葉書）

これは本当の話なのか、それとも――私は、そのことをまだ千佐子に確認していない。

大阪高裁。本書校了時点では、千佐子は同高裁に控訴中

「殺したのは筧さんだけです。
それは声を大にして言います！」

（筧千佐子）

面会中、私の前で泣いた被告人たち

筧千佐子が面会中、育ての親のことを話しながら感極まり、涙を流したのは、まったく予期していないことだったので、少し驚いた。ただ、過去にも何度か、同様の印象的な経験をしたことがある。

最初は、２０１０年代の初めに西日本某所の刑事施設で放火事件の女性被告人と面会した時だ。取材協力者たちへの配慮が必要なため、本人を特定できる情報は曖昧にしか書けないが、その女性被告人は保険金目的で所有する建物に放火した容疑で逮捕された。そして、裁判の第一審で実刑判決を受けたが、一貫して冤罪を訴えており、私は本人に話を聞いてみたいと思って取材に乗り出したのだ。

この女性被告人が私の前で泣き出したのは、初めて面会した日のことだ。私より少し遅れて面会室に入ってきた彼女は、私が「はじめてまして」と挨拶した途端、涙をポロポロこぼし始めたのだ。私は驚きつつ、「色々大変だったみたいですね……」と言葉をかけたが、彼女はただ泣くばかりだった。私が「やっぱり冤罪なんですか？」と問いかけると、彼女は目を手でぬぐいながら、コクリと頷いたが、その様子はどう見ても「冤罪に貶められた無実のかよわい女性」だった。

ところが、その日から彼女と面会や手紙のやりとりを重ねつつ、裁判を傍聴し、関係者を取材して回ったところ、実際には彼女は証拠的に真っ黒で、彼女が私に話した冤罪主張の多くは嘘だったとわかった。最初の面会の際、彼女が泣き出したのは、冤罪被害者を装う演技だったのだ。彼女はその後、有罪が確定して服役し、交流は途絶えたが、犯罪者の演技力の凄さを実感できた貴重な体験だった。

殺人犯の男の中にも涙を流す姿が印象深かった者がいる。その彼も諸事情により、名前を出せないが、複数の女性を殺害して金を奪い、死刑判決を受けた人物だ。報道で見かけた写真では、いかにも凶悪事件を起こしそうな遊び人風の中年男に見えたが、東京拘置所で初めて面会した時は、報道のイメージとかけ離れた見た目にまず驚いた。半袖、半ズボンの囚人服から伸びた手足はやせ細り、頬もこけ、髪は真っ白で、強い風が吹けば、倒れてしまうのではないかと思うほど弱々しい感じなのだ。

この彼も初めての面会の時、私の前で泣き続けたが、彼はこの日に限らず、私がその後も面会に訪ねるたび、面会中はほとんどずっと泣いていた。罪の意識に苛まれ続けていたのである。

私が面会に訪ねるようになった時期、彼はすでに第一審の裁判員裁判で死刑判決を受け、控訴も棄却され、最高裁に上告中だったが、本人は元々、第一審のみで裁判を終わらせようとしていたという。

「私は死刑で当然です。でも、裁判員裁判が終わったあと、子どもたちが面会に来てくれ、色々話す中、私も事件を起こしたくて、起こしたわけじゃないことや、私が事件を起こした経緯を判決文に残してもらいたくなったんです。裁判員裁判の判決では、それを書いてもらえませんでしたから……」

そんなことを話しながら、彼は涙を流し続けたが、時には言葉が口から一切出てこなくなり、沈黙してしまうことがあった。私に対しては、事件のことを話したそうにしながら、まったく話せなかったが、それも被害者に配慮が必要な事情があったからだということはあとでわかったことである。

結局、彼は控訴審の判決にも最高裁の判決にも事件に至る事情をほとんど記してもらえず、死刑が確定した。それ以降、拘置所の取り決めにより弁護人や親族以外との面会や手紙のやりとりができなくなったため、私は彼の現状がわからない。どう過ごしているのだろう。今もたまに彼を思い出す。

鳥取連続不審死事件（平成16～21年）——太った女の周辺で6男性が次々に……

上田美由紀

「私の友人たちは、私に関する報道が嘘ばかりなので、片岡さんに本当のことを話したいと言っています」
「友人は、片岡さんのことを車で色々案内したいとも言っています」
「友人は、写真や資料を集めまくっているようです」
「友人は、私を助けたいと必死です」
「友人は、松江のコロッケを私に差し入れしたいと言っています」

【DATA】

犯行時の年齢：35歳　※裁判で有罪認定された2件の殺人事件当時の年齢
犯行の罪名：強盗殺人、詐欺、窃盗、住居侵入
裁判の結果：死刑（本書校了時点では未執行）
面会場所：松江刑務所

上田美由紀が５人の子どもらと住んでいたアパート（共同通信社提供）

小柄で、弱々しい雰囲気の女

「私のこと、怖いですか？　私が人に暴力をふるうように見えますか？」

２０１３年９月初旬、松江刑務所の面会室。上田《うえた》美由紀《みゆき》（当時39歳）は初対面の私に対し、アクリル板越しにそう問いかけてきた。週刊誌は美由紀について、同居していた男性らに激しい暴力をふるっていたと報道していたから、そのことを意識した問いかけなのだろうと思われた。

美由紀はこの日、上がグレーのトレーナー、下は青色のジャージのハーフパンツといういで立ち。報道で見た写真では、大柄で目つきの鋭い怪人物のようなイメージだったが、実際に会ってみると、体の横幅こそあるものの、身長は１５０センチに届かないほど小柄で、化粧をしていない素顔は地味だった。態度もどこかおどおどしている感じだ。実際にどうかはともかく、第一印象だけで言えば、目の前の美由紀は暴力的な人間にはまったく見えなかった。

松江刑務所

そこで率直に、「上田さんは、人に暴力をふるうような人には見えませんね」と告げると、美由紀は得心したような笑みを浮かべ、こう言った。

「私のことを一度にすべて知ってはもらえないと思いますが、1つ1つ知って欲しいです」

この時の美由紀は弱々しい雰囲気で、人を騙しそうな人物にもまったく見えなかった。

2人の毒婦

2009年は、「毒婦」と呼ばれた2人の女が社会の注目を集めた年だった。

まずは9月、埼玉県警に詐欺の容疑で逮捕されていた木嶋佳苗という女（当時34歳）に関し、その周辺で少なくとも4人の男性が不審な死に方をしていた疑惑が表面化した。そして、この「首都圏連続不審死事件」に関する報道合戦が続く中、11月になるとマスコミが「鳥取にも木嶋佳苗のような女がいる」として、新たに1人の女をクローズアップした。それが当時35歳の美由紀であった。報道によると、鳥取県警に詐欺の容疑で逮捕されていた美由紀の周辺では、2004年以降に少なくとも6人の男性が不審死していたとのことだった。

佳苗と美由紀は年齢が近いうえ、不審死した男性たちの多くと男女関係にあり、多額の金を騙し取っていたことなどが共通していた。それに加え、2人は共に肥満体で、美人と程遠かったこともあり、「男性たちはなぜ、こんな女たちに金を奪われ、命を落としたのか……」と世間の下世話な関心を集めた。そして、マスコミは、2人を「東西の毒婦」などと呼び、何かと比較して報道したのだった。

佳苗と美由紀は共通するところが多い一方で、ライフスタイルなどは好対照だった。

佳苗は未婚で独身。婚活サイトで知り合った男性たちからだまし取った金で東京・池袋の高級マンションに住み、贅沢な食生活をブログに書き綴るなど、虚飾に彩られた暮らしぶりだった。

一方、美由紀のほうは、2回の結婚と何人かの男との同棲を経て、逮捕当時は5人の子どもや交際相手の安東儀導《あんどうのりみち》という男（当時46歳）と一緒に、鳥取市郊外にある平屋のアパート暮らし。そのアパートは、部屋の内外がゴミだらけの「ゴミ屋敷」状態だった。

また、マスコミでは、職業は「元ホステス」と紹介されることが多かった美由紀だが、働いていた鳥取駅近くのスナックは「デブ専」と揶揄される店だった。逮捕当時は無職で、安東と一緒にトラクターや軽自動車、家電などを小売店から「代金後払い」の約束で入手し、代金を支払わずに転売する詐欺を繰り返していたほか、知人たちから金を騙し取ったり、盗んだりして生きていた。この安東という男も元々は妻子持ちで、車のセールスマンだったが、スナックで美由紀と知り合って不倫関係に陥った挙げ句、妻子を捨てて、美由紀のもとに転がり込んでいたと伝えられた。美由紀は佳苗と比べても、男たちはなぜ、こんな女に金を奪われ、命を落としたのか……と思わせる部分が多かった。

その後、佳苗は3人の男性を殺害した罪などに問われ、さいたま地裁で裁判員裁判により裁かれたが、詐欺をしていたことは認めつつ、殺人の容疑は全面的に否認した。しかし、2012年4月、3人の男性を練炭で一酸化炭素中毒に陥らせ、自殺を装うなどして殺害したと認定され、死刑を宣告される。その30数回に及んだ公判審理では、佳苗が毎回異なるファッションで法廷に現われ、証言台で赤裸々に性遍歴を語ったことなどが面白おかしく報じられた。

一方、美由紀は安東と一緒にはたらいた多数の詐欺や窃盗の容疑のほか、2人の男性を殺害した容疑（罪名は強盗殺人）で起訴され、鳥取地裁で裁判員裁判にかけられた。そして、詐欺や窃盗の容疑は認めたが、2人の男性を殺害した容疑は否認し、公判では黙秘を貫いた。しかし、2012年12月、全容疑を有罪とされ、佳苗同様に死刑判決を宣告されたのだ。

そんな「東西の毒婦」については、いずれも報道の情報だけではシロかクロかが判然とせず、私はどちらにも関心を抱いた。そして、結局、美由紀のほうの取材に動いた事情はシンプルだ。現場の鳥取や、美由紀が控訴審段階から収容された松江刑務所は私の暮らす広島から行きやすかったからだ。

私が初めて面会に訪ねた当時、美由紀は裁判員裁判の死刑判決を不服として広島高裁松江支部に控訴中だった。

礼儀正しく、人をよく褒める

松江刑務所で初めて面会した日の数日後、美由紀から次のような手紙が届いた（以下、〈〉内は引用。とくに断りがない限り、原文ママ）。

〈前略
お足元の悪い雨の中面会ありがとうございました
又、お手紙　切手　ハガキもありがとうございました　大切に使わせて頂きます
初めての片岡さんとの面会で、何を、どうお話していいのかわからなく
ご迷惑をおかけしたかも知れません．　申し訳ありません

面会でも伝えましたが、マスコミ報道の私ではなく、本当の私を知って頂けたらと思います
（略）
出来る限り片岡さんの面会を受けたいと思いますのでよろしくお願いいします
これからもよろしくお願いいします
〈2013年9月4日付け手紙〉

このように美由紀の手紙には、礼儀正しく、性格が良さそうに感じられる文章が綴られていた。だが、一方で、切手の貼り方はほかでは見かけないほど雑だった。家がゴミ屋敷と化していたこともあり、私は美由紀が何か精神医学的な問題を抱えているのだろうかと考えさせられた。

ともかく、こうして美由紀との面会や手紙のやりとりが始まったのだが、その当初、何より印象的だったのは美由紀が人をよく褒めることだった。

たとえば、捜査段階と裁判員裁判の国選弁護

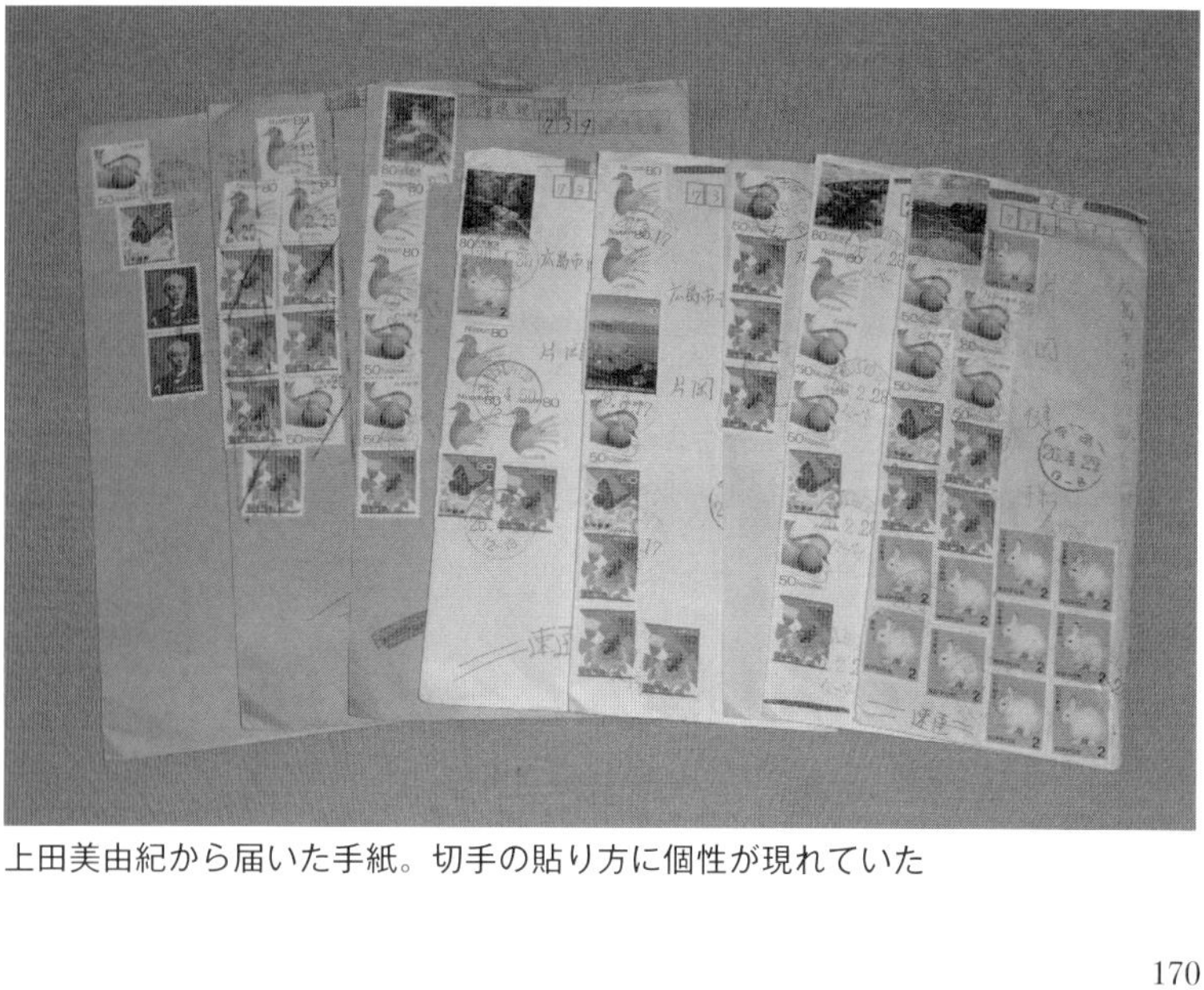

上田美由紀から届いた手紙。切手の貼り方に個性が現れていた

人を務めた鳥取の弁護士たちについて、美由紀は「逮捕された時から何百回も面会に来てくれ、今も感謝しています」と言った。また、松江刑務所の刑務官たちについて、「収容者1人1人の話をしっかり聞いて対応してくれるんです」と言ったりもした。

さらに、美由紀は私のこともやたらと褒めて、持ち上げた。私は最初に手紙で美由紀に取材を申し込んだ際、過去に書いた事件関係の雑誌記事をコピーし、同封していたのだが、美由紀は「片岡さんの記事は何度読んでも、心にどっしりきます」などと言い、ある日の面会中には、「片岡さんと出会えて本当によかったです」と何度も口にした。

私はそんな美由紀の様子に、何か企んでいるのではないかとも思ったが、褒められているぶんには正直、悪い気はしないものである。不審死した男性たちに対しても、美由紀はこういう接し方により、心を奪っていったのではないかと想像させられた。

事件のことに水を向けると、美由紀は「詐欺はたしかにやりました。それは反省しています」と言いつつ、殺人の容疑については「私は誰も殺したりしていません」と言い切った。また、やったことを認めている詐欺についても、裁判で自分が「主犯」だと認定されているのは事実誤認だと主張した。

「裁判では、共犯者の安東が詐欺について、私に言われるままにやっていたことだと証言し、それが信じられてしまいました。でも本当は、安東のほうが率先して詐欺をやっていたんです。安東は車のセールスマンをしていて、口が上手かったですから……詐欺を安東だけのせいにするつもりはないですが、私は元々、詐欺をやるつもりはなかったんです」

このように美由紀は殺人についても、詐欺についても、自分に都合のいいことばかりを話していたのだが、面会室で本人から直接話を聞いていた際はけっこう真実味が感じられた。冤罪を訴えている時の美由紀には、後ろめたそうな雰囲気が一切見受けられなかったからである。

悲痛な面持ちで冤罪を訴えるが……

では、そもそも、報道されていた美由紀の周辺での連続不審死とは、どんな内容だったのか。時系列に沿って整理すると、次の通りだ。

●1人目の不審死・古川司さん（読売新聞記者・享年42歳）
妻子がありながら、スナックで知り合った美由紀と不倫関係に陥った。美由紀に多額の金を渡し、あちこちに借金を抱える状態となっていたが、2004年5月13日、特急列車に轢かれて死亡。警察は、自殺として処理した。

●2人目の不審死・古田新一さん（警備員・享年27歳）
弟と一緒に、スナックで知り合った美由紀のアパートに転がり込み、美由紀や子どもたちと同居していた。その間、美由紀にフライパンで殴られたり、熱湯をかけられたりするなどの暴力をふるわれ、給料を取り上げられていた。2007年8月18日、海で溺れ、意識不明の重体に。9日後に死亡。

●3人目の不審死・藤田格さん（鳥取県警刑事・享年41歳）

妻子がありながら、スナックで知り合った美由紀と不倫関係に陥った。２００８年2月、山の中で首吊り自殺。鳥取県警は、藤田さんの死亡に関する詳しい事実関係を発表していない。

●４人目の不審死・矢部和実さん（トラック運転手・享年47歳）

美由紀と交際し、多額の金を渡していた。２００９年４月４日に行方不明になり、同11日に日本海沖で溺死体がワカメ漁をしていた漁師らにより発見される。

●５人目の不審死・圓山秀樹さん（電器店経営・57歳）

代金後払いの約束で、美由紀に家電６点（販売価格は約53万円）を販売したが、代金を支払ってもらえないでいた。２００９年10月６日、行方不明に。翌７日、川で溺死体となって見つかる。

●６人目の不審死・田口和美さん（無職・享年58歳）

美由紀と同じアパートの別の棟に住んでおり、美由紀は田口さんの部屋に頻繁に出入りしていた。２００９年10月27日、体調が悪くなり、自室で死亡。

以上、報道された美由紀の周辺での連続不審死の疑惑だが、２００９年に疑惑が表面化した当初、とくに注目されたのは死者の中に、新聞記者や刑事がいたことだ。新聞記者や刑事までもが美由紀のような女に騙され、命を落としたのか……という文脈で世間の人々の好奇心を刺激したのである。

もっとも、新聞記者の古川司さんと刑事の藤田格さんの不審死は結局、殺人事件として立件されていない。美由紀による殺人として立件され、裁判で有罪とされたのは、矢部和実さんと圓山秀樹さんの2人の不審死のみだった。

裁判の認定によると、美由紀は矢部さんと交際した間に生じた債務270万円の返済を迫られたため、矢部さんに睡眠薬を飲ませ、鳥取県中部の北栄町という町の砂浜で海の中に引きずり込んで溺死させた。また、圓山さんについては、家電6点の代金約53万円の支払いを迫られたため、やはり睡眠薬を飲ませ、鳥取市を流れる摩尼川という川の浅瀬に引き入れて溺死させたとのことだった。

面会中、この2つの事件の事実関係を質したところ、美由紀は、自分にはそもそも矢部さんや圓山さんを殺害する動機がないのだと悲痛な面持ちで訴えた。

「あの2人は私に対し、お金の支払いを求めてくるような人たちではありませんでした。だから、あの人たちが私にお金を求めていたように言われることも悔しくて……」

――矢部さんには、けっこうな金額のお金を借りていたようですが？

「私は矢部さんからお金を借りていたんじゃありません。矢部さんは、私に5人の子どもがいたので、生活費としてお金をくれていたんです。だから、私もそのぶん、矢部さんの家に行って洗濯をしたり、料理を作ったりしていたんです」

――圓山さんにも家電の代金の支払いは求められていなかったんですか。

「圓山さんには、受け取った家電の代金のうち、40万円くらいは支払っていました。そして、残りのお金も少しずつ支払っていくことになっていたんです」
美由紀はこれらの話についても、嘘を言っているとは到底思えない話しぶりだった。しかし、裁判資料をひもときながら事実関係を検証したところ、美由紀の主張はすべて大嘘だった。

状況証拠は真っ黒

まず、矢部さんの事件について。その真相を見極めるために見過ごせない事実は、矢部さんが亡くなる1ヶ月と少し前の2009年2月26日、矢部さん宅で火災が発生していたことである。火災はボヤで済んだのだが、実は出火直前まで矢部さん宅には、食事をしに来た美由紀が滞在していた。そして、美由紀が帰宅後、なぜか矢部さんが眠り込んでしまい、この火災は起きているのである。

矢部さんはこの火災の際、警察官の事情聴取に対し、「誰かに殺されそうになったかもしれません」と暗に美由紀を疑うことを言っていたという。さらに、火災から1週間が過ぎた3月5日、矢部さんと美由紀の間では、返済期限を同月31日とする270万円の借用証書が作成されている。事実関係に照らせば、矢部さんが美由紀に270万円の返済を強く迫っていたことは動かしがたかった。

そして、借用証書の返済期限を4日過ぎた4月4日、矢部さんは失踪し、7日後に日本海沖で溺死体となって見つかったのである。

面会した際、この借用証書の件に水を向けたところ、美由紀は平然とこう言ってのけた。
「あの借用証書は、矢部さんが私とつながっていたくて、作成したものだと思います」

美由紀はこの砂浜で矢部さんを海の中に引きずり込み、殺害した

このように言った時も美由紀からは、やましげな様子は微塵も感じられなかった。
しかし、この借用証書では、美由紀と当時同居していた安東が連帯保証人として設定されていた。矢部さんが単に「美由紀とつながっていたい」という理由で借用証書を作成するなら、連帯保証人など不要だろう。
一方、圓山さんも亡くなる少し前、内妻の女性に「家電の代金を支払わない女性客がいる」とこぼしていたことが裁判で明らかになっている。さらに、内妻の女性によると、圓山さんは失踪した日の朝、美由紀から電話をうけると、「集金に行く」と言い残し、朝食も食べずに慌てた様子で家を出たという。そして、帰宅せず、翌日、摩尼川の浅瀬で溺死体となって見つかったのだ。
このように、矢部さんも圓山さんも亡くなる直前、美由紀と金銭トラブルを抱えていたのは明らかなのだが、それだけではない。

美由紀はこの川の浅瀬で圓山さんを溺死させた

2人はいずれも失踪した日、自分の車で美由紀と一緒に現場の海や川に向かっていたことが、コンビニの防犯カメラ映像やカーナビの記録から判明しているのである。

しかも、2人の遺体からは睡眠薬が検出されたうえ、その成分は美由紀が事件前に知人の男性から入手した睡眠薬の成分と一致していた。美由紀が矢部さんと圓山さんに睡眠薬を飲ませ、海や川に引きずり込んで殺害したことを裏付ける状況証拠は真っ黒だと言っていい。

それでも、美由紀は面会中、あたかも本気で悲しそうな表情でこう言った。

「裁判では、私が2人に睡眠薬を飲ませていたことにされていますが、そもそも、睡眠薬なんて一体どうやって飲ませるんでしょうか。たくさん飲めば、匂いだってするし、と思いますし……」

これもまた、よくもそんな白々しいこと

を……と逆に感心するほど白々しい弁明だ。

なぜなら、美由紀は矢部さんが失踪した日、コンビニでおにぎりや即席みそ汁を購入してから矢部さんと会い、これらを食べさせたうえ、さらに矢部さんの車で海に向かう途中でコンビニに立ち寄り、缶コーヒーや紙コップを購入したことが明らかになっているからだ。また、美由紀は圓山さんが失踪した日もコンビニでお茶やコーヒーを購入してから圓山さんと会い、一緒に喫茶店でモーニングを食べたことが判明している。矢部さんに対しても、圓山さんに対しても、睡眠薬は飲食物に混ぜれば、簡単に飲ませられただろう。

さらに裁判では、その両日に美由紀が詐欺の共犯者である安東に連絡し、事件現場に車で迎えに来させていたことが判明している。以下は、美由紀の裁判員裁判における安東の証言だ。

「美由紀が、矢部さんを海に引きずり込んだとされる砂浜まで車で迎えに行った時、美由紀は全身がずぶ濡れでした。また、圓山さんの遺体が見つかった川の浅瀬の近くまで車で迎えに行った時には、美由紀は下半身が濡れた状態でした」

このように安東は、美由紀が2人を殺害した直後の様子を目撃したに等しい証言をしたわけだ。

冤罪を訴え続ける美由紀は、殺人事件として立件されなかった4人の男性の不審死についても、「一番好きだったのは（新聞記者の）古川です。古川とは、本気で結婚したかったです」「（刑事の）藤田は私の初めての男で、私は藤田のお母さんとも仲良くしていたんです」などと真顔で言っていた。私は美由紀の話を聞きながら、天国の古川さんや藤田さんに真相を聞きたい衝動に駆られた。

息をするように嘘をつく

取材を重ねる中、当初はおどおどした感じだった美由紀は、面会室での態度が次第に堂々した感じになった。そして、事件以外のことに関しても、息をするように嘘をついた。たとえば、自宅アパートがゴミ屋敷状態だった件に水を向けた時のこと。美由紀は険しい顔になり、怒ったように言った。

「あれは、私じゃありません。警察が家宅捜索をして、片づけないままなんです」

いくらなんでもそれはないだろう……と私は心の中でつぶやいた。ゴミ屋敷化した美由紀宅のアパートは様々な雑誌に写真で紹介されていたが、部屋の内外にゴミが散乱していたばかりか、室内の壁はカビだらけで、畳も黒ずんでいた。あの状況を警察の家宅捜索のせいにするのは無理がある。

私はこの時以降、美由紀は実はプライドが高く、どんな些細なことでも自分のことを悪く言われるのは許せない性格なのではないかと思うようになった。

一方で、美由紀はなぜそこまで……と思うほどに、私の機嫌をとるような話を並べ立てた。

「私の友人たちは、私に関する報道が嘘ばかりなので、片岡さんに本当のことを話したいと言っています。私の有利なことも不利なことも何でも話すと言っています」

「片岡さんが鳥取に取材に行く際には、宿泊代がかからないように私の友人の家に泊まってもらおうと思っています。友人は、片岡さんのことを車で色々案内したいとも言っています」

「母も片岡さんに会いたいと言っています。私も片岡さんには、子どもたちにも会って欲しいです」

　このように、美由紀は私のことを信頼し、ほかの記者とは違う特別な存在だと認識しているような話を繰り返したのだが、結局、これらの申し出は何一つ実現しなかった。それ自体は構わないのだが、私のストレスになったのは、美由紀がこうした嘘話をしつこく延々と引っ張ることだった。

　たとえば、美由紀が「友人を紹介する」と繰り返し言いながら実現しないので、私が「友人の方を紹介してもらえるなら、私から連絡しますから、その友人の方の連絡先を教えてください」と伝えると、美由紀は「面会中にいきなり言われてもわかりません」と不機嫌そうに言った。

　そこで、「では、次に手紙をくれる時、友人の方の連絡先を手紙に書いてきてもらえますか」と伝えると、美由紀は笑顔で「わかりました」と言うのだが、案の定というべきか、いつまで経っても手紙に友人の連絡先を書いてこない。その事情を問うと、今度は「やはり友だちのほうから片岡さんに連絡させます。片岡さんの携帯番号を教えてください」などと平気で話を振り出しに戻した。

　以前、携帯電話の番号は教えたはずだが……と思いつつ、私が携帯電話の番号を教えても、案の定というべきか、結局、その友人からの電話は一向にかかってこなかった。

　そこで試しに、「ご友人はなんという名前ですか」と尋ねると、美由紀は言葉に詰まり、「松田か……山田か……〝田〟は合っていると思います。旧姓と違うので。下の名前は〝いずみ〟です」などと言う。今も連絡を取り合っているという友人について、名前も即答できないのだから、普通に考えれば、そういう友人は実在しないわけである。

だが、美由紀は私に嘘がばれていないと思っていたのか、その後も友人話を繰り返した。

「友人は写真や資料を集めまくっているようです」

「友人は私を助けたいと必死です」

「友人は松江のコロッケを私に差し入れしたいと言っています」

このように、美由紀が実在が疑わしい友人たちの話を繰り返すのはなぜなのか。美由紀はこれまでの人生で友人と呼べる人間が1人も存在せず、そのことをコンプレックスに思っていたりするのだろうか。私は美由紀の友人話を聞きながら、そんなふうに思いを巡らせた。

人の悪口を次々に

当初は人のことを褒めてばかりいた美由紀だが、それも次第に変わっていった。取材関係者をはじめとする様々な人物について、むしろ悪口をよく言うようになっていったのだ。

中でも、とくに頻繁に悪く言っていた人物が2人いる。鳥取連続不審死事件を捜査段階から取材し、取材結果を『誘蛾灯』という一冊の本にまとめたジャーナリストの青《あお》木《き》理《おさむ》と、木嶋佳苗の裁判と美由紀の裁判を両方取材していたコラムニストの北原みのりの2人である。

「青木さんの記事はどれを読んでも批判しているだけだと思ってしまいます。北原さんも同じ女性をものすごく見下しています。青木さんも北原さんも面会しましたが、2人とも大切なことを忘れてしまっている気がします」

青木も北原も、雑誌などに寄せた鳥取連続不審死事件関係の記事で、美由紀が書かれたくなさそうなことを色々書いていた。たとえば、美由紀は自宅アパートがゴミ屋敷化していたことや、男性関係が乱れていたことなどだ。人に悪く言われるのが許せない美由紀は2人に対し、悪く言い返さずにいられなかったのだろう。

そして、美由紀はこのように人を批判する時も、「友人たちは、青木さんの本（誘蛾灯）に怒っています」などと、実在が疑わしい友人に自分の思いを代弁させることがあった。何か主張したい時、「××が言っている」という話を作るのは美由紀のクセらしく、ほかにも、「～と弁護団の××先生は言っています」「××新聞の××さんは～と言っています」などという言い方で、嘘くさい話をすることが多かった。

また、美由紀は働いていた「デブ専」のスナックのこともよく悪く言っていた。次のように。

「片岡さん。鳥取に取材に行っても、絶対にあのスナックに行かないでください。あの店の人間は嘘ばかり言うからです。あの店は座るだけで1万円取るボッタクリです。片岡さんがあの店に取材に行けば、私の友人たちは片岡さんに会わなくなると思います」

週刊誌の記事を見ると、このスナックのママやホステスは取材に対し、美由紀がすぐに客の男と〝デキ〟ていたことなど、美由紀が人に知られたくない事実を色々話していたようだ。それゆえに、美由紀はこの店を悪く言うのだろう。ただ、実在が疑わしい友人を登場させてまで私をこの店に行かせたがらないということは、この店から発信される美由紀の情報は、むしろ信ぴょう性が高いのだろうと容易に察せられた。美由紀は嘘をよくつくが、嘘は決して上手くなかった。

美由紀は私が知らないと思っていたようだが、裁判では、美由紀がこの店のママの自宅に侵入し、現金35万円や商品券が入った財布を盗んでいたこともわかっている。それにもかかわらず、この店のことを悪く言っている時も、美由紀からは後ろめたそうな雰囲気は微塵も感じ取れなかった。美由紀は、人の物や命を奪うことに罪の意識を感じないタイプの人間なのかもしれない。

死刑を免れようと裁判でも大嘘

私が美由紀と初めて会ってから3ヶ月が過ぎ、2013年12月10日に始まった控訴審の公判では、美由紀は黙秘を撤回し、被告人質問で自分の主張を詳細に語った。その内容はここに紹介したような、すぐに嘘だとわかることも多かったが、その中では、「えっ」と驚くようなことも言っていた。

美由紀は、矢部さんについても、圓山さんについても、失踪する直前まで自分が一緒にいたことを認めつつ、詐欺の共犯者である安東を「真犯人」として名指ししたに等しいことを言い連ねたのだ。

「矢部さんの運転する車で一緒に西へ向かっていた途中、矢部さんが怒り出したため、私が『頭を冷やして』と言うと、矢部さんは私をコンビニの近くで車からおろし、1人で砂浜のほうに行きました。それから、私は迎えに来てくれた安東さんと合流したのですが、安東さんはペットボトル入りミルクティー2本を持ち、矢部さんがいる砂浜のほうに行き、戻ってきた時はズボンを濡らしていました。

圓山さんがいなくなった日も、最初は私と圓山さんが2人でいたのですが、圓山さんが『安東と話がしたい』と言い出し、安東さんが合流しました。そして、安東さんは合流後、運転する車の助手席に圓山さんを乗せて現場の川のほうに行き、そのあとに1人で私のところに戻ってきました。その時、安東さんは膝から下を濡らした状態でした」

（美由紀の証言の核心部分の要旨）

安東は美由紀の裁判員裁判において、美由紀が矢部さんや圓山さんを殺害した直後の様子を目撃したに等しい証言をしたというのはすでに述べた通りだ。美由紀はそれを逆手にとり、安東に罪をかぶせようとしたのだ。が、当然ながらそんな子どものような嘘は通用せず、広島高裁松江支部は2014年3月20日の判決公判で、美由紀の控訴を棄却し、第一審の死刑判決を支持した。

その判決公判後、松江刑務所に面会に

死刑が維持された控訴審判決後に会見した被害者遺族。嘘を言い連ねた美由紀に、誰もが空しそうな様子だった

訪ねると、美由紀は無念そうに「ハアー」と溜め息をついた。そして、「無罪がとれたら、片岡さんに迎えに来てもらうように弁護士の先生たちに話していたんですが……」と悔しそうに言った。状況証拠が真っ黒な中、最後まで諦めずに死刑を免れようとする執念は凄いが、どこまでも嘘の中でしか生きられない美由紀には哀れみを感じるほかなかった。

美由紀はその後、手記を書き、本を出したいと言い出した。そこで私が色々動いたところ、ある出版社の編集者が前向きに検討してくれることになった。男性たちが不審死した事情や詐欺事件の真相について、美由紀本人に自分の主張を書かせたうえ、私が事実関係を検証し、美由紀の手記に嘘があれば適時指摘する形にすれば、読み物として成立するのではないかという判断だった。

そして、美由紀もその形で本を出したいと言って手記を書き始めたのだが、新聞記者の古川さんとの嘘くさい恋愛物語を延々と書くのみで、いくらせっついても詐欺のことなど不都合な話は一切書こうとしなかった。それは想定内だったが、次々に平気で前言を翻すことに辛抱しきれず、手紙で少し強めにたしなめたところ、美由紀がすぐさま返事の手紙をよこし、土下座でもしそうな勢いで謝罪の言葉を書き連ねてきたのには、少し驚いた。

〈本当に心よりお詫び致します〉〈言い訳や反論が出来ることではありません．お詫びする事しか出来ません．本当に申し訳ありませんでした〉〈深く謝罪と反省をさせて頂きたく思います〉

（2015年5月25日付け手紙）

……おそらく、美由紀は、矢部さんや圓山さんらに債務返済の先延ばしを頼む時もこういう態度をとったのだろう。私はこの時点で、美由紀への直接取材にひと区切りをつけた。

2001年にも美由紀が暮らしていた県営住宅が火事で全焼したことがあった。写真はその跡地

真犯人扱いされた男のその後

美由紀への直接取材にひと区切りつけたあとも、私は事件自体の取材は続け、鳥取で関係者たちに話を聞き、関係現場を訪ねて回った。そして、わかったのは、美由紀に酷い目に遭わされた人たちが親切な人ばかりだったことだ。美由紀はそういった人たちの善意につけこんで、生きてきたのだろう。

美由紀が、「嘘ばかり言う」「ボッタクリ」などと誹謗していたスナックのママは、私がアポなしで訪ねたにもかかわらず、家にあげてくれ、美由紀に金を盗まれた時のことなどを詳しく話してくれた。人を殺すのに使われるとは知らず、美由紀に睡眠薬を分け与えてしまった男性は、美由紀に金も騙し取られていたが、恨みつらみを述べず、淡々と当時のことを振り返ってくれた。

矢部さんや圓山さんを殺害した当時の美由紀を一番よく知るはずの安東は、取材に応じてくれなかった。だが、美由紀と一緒にはたらいた詐欺の罪で服役したのちに家族の元に戻り、再就職していることがわかった。実は安東自身、美由紀に「3つ子を妊娠した」などと騙され、様々な口実により1000万円以上の金を奪われていたのだが、電話で話した際、「私には今の生活がありますので」と強い口調で取材を断る雰囲気から、家族と共に再起の道を歩んでいることが窺えた。

美由紀と安東の両方を知る人や詐欺事件の被害者からは、「安東が詐欺の主犯なんてありえない。詐欺は美由紀が率先してやっていた」「美由紀は安東のことも叩いていた」「安東は今、美由紀と一緒に金を騙し取った詐欺の被害者にコツコツと金を返しているようだ」などという話も聞かれた。安東は美由紀と知り合い、犯罪に手に染めてしまったが、美由紀に食い物にされたという意味では、まぎれもなく被害者だった

取材を重ねる中、美由紀の周辺では、矢部さん宅のボヤのほかにも複数の火災が起きていたこともわかった。まず、2001年に美由紀が当時住んでいた県営住宅で、美由紀宅の隣の住人宅で火事が起きて建物が全焼し、2009年に美由紀が逮捕される少し前にも安東が妻子と暮らしていた家の土蔵でボヤ騒ぎが起きていた。それらの火災の原因は今も不明のままだ。

美由紀は2017年7月、最高裁第一小法廷に上告を棄却され、死刑が確定した。現在は広島拘置所に確定死刑囚として収容されているが、その心の闇に光が当てられることは永遠にないだろう。

ゴミ屋敷状態だったアパートも取り壊され、跡地は小さな畑になっている。

ゴミ屋敷状態だった美由紀のアパートは取り壊され、畑に

——ご友人はなんという名前ですか。
「松田か……山田か……
〝田〟は合っていると思います」
（上田美由紀）

「真犯人」より「無実の被疑者」のほうが自白しやすいというセオリー

様々な冤罪事件で供述鑑定を手がけた供述心理学者で、奈良女子大学の浜田寿美男名誉教授が以前、こんな話を聞かせてくれたことがある。

「一般の人は『有罪なら無期懲役や死刑になる事件で、無実の人が自白することは普通ないだろう』と思っていますが、実際の取り調べでは、真犯人より無実の人のほうがむしろ自白しやすいんです。真犯人は刑罰を科されることへの警戒心や現実感がありますが、無実の人はそれがないからです」

この浜田教授の話がすぐにピンとこない読者もいるかもしれないが、私にはまったくその通りだと思える。私はこれまでに冤罪事件も色々取材してきたが、無実の被疑者が警察や検察の取り調べに対し、やってもいない重大犯罪をきわめて短時間で自白した例は枚挙にいとまがないからである。

たとえば、有名な幼女殺害の冤罪事件「足利事件」の菅家利和《すがやとしかず》さんもそうだった。菅家さんは45歳だった1991年12月1日の朝、誤ったDNA型鑑定により菅家さんを犯人と誤認した栃木県警の捜査員たちに足利署まで連行され、その日の夜までにやってもいない幼女殺害を自白させられている。

また、1967年に茨城県で起きた「布川事件」で、大工の男性を金目当てに殺害した濡れ衣を着せられた桜井昌司さん（当時20歳）と杉山卓男さん（当時21歳）の2人も自白までは早かった。桜井さんは別件逮捕から5日目、杉山さんは同じく2日目に虚偽自白に追い込まれているのだ。

そして菅家さん、桜井さん、杉山さんの3人はいずれも無期懲役判決が確定して服役したのち、菅家さんは2010年に、桜井さんと杉山さんは2011年に再審で無罪判決を受けて雪冤《せつえん》を果たしたが、きわめて短時間のうちに虚偽自白したために長い年月、冤罪被害に遭い続けたわけである。

警察や検察から身に覚えのない罪で犯人扱いされても、無実の被疑者は「無実なのに、証拠などあるわけがない」とか「警察官や検察官はわからなくても、裁判官が自分の無実をわからないはずがない」などと楽観的に考えてしまいがちなのだという。そして後先のことを深く考えず、いま現在受けている取り調べの苦痛を免れるために、やってもいない重大犯罪をあっさりと自白してしまうのだ。

一方、真犯人である被疑者のほうはそのように自分の未来を楽観視することはできない。何しろ、本当にやっているのだから、警察や検察に証拠を見つけられてしまう恐れがあるし、自分が刑罰を受ける未来もリアルに想像できるからだ。だからこそ、真犯人である被疑者は必死で無実を訴え続けるし、本当に無実の被疑者よりむしろ自白しにくい傾向があるわけだ。

本章で面会記を紹介した上田美由紀もそれに該当する1人だと言える。美由紀の場合、起訴された2件の殺人事件で有罪とされたら、確実に死刑になると本人も当然わかっていただろう。だからこそ、クロと示す状況証拠が揃っていても、美由紀は無実を訴え続けなければならなかったとも言えるし、厳しかっただろう取り調べにも屈せず、無実を訴え続けることができたとも言えるだろう。

いずれにせよ、美由紀が頑なに罪を認めず、安東に罪を押しつけてまで死刑を免れようと頑張り続けているのを見ていて、真犯人より無実の被疑者のほうがむしろ自白しやすいというセオリーは本当なのだと私は改めて実感させられた。もちろん、一貫して無実を主張している被告人が必ずクロというわけではなく、そういう人の中にもいくらでも冤罪の人はいる。誤解なきように、そのことは強調しておきたい。

横浜・深谷親族殺害事件（平成20〜21年）――無実を訴えながら死刑確定

新井竜太

「僕は冤罪です。
髙橋は自分1人でやったことを
全部僕のせいにして、死刑を免れたんです」

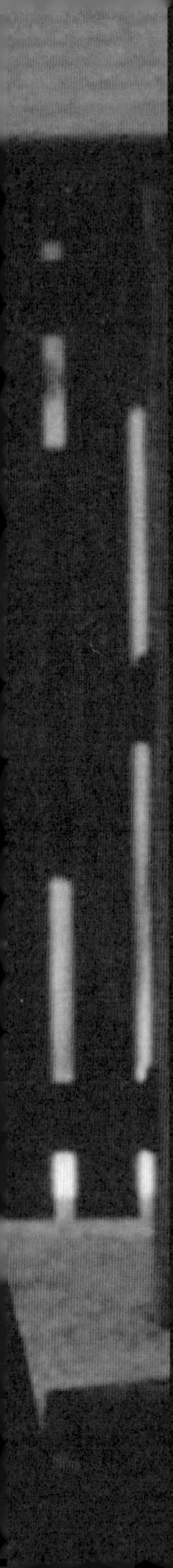

【DATA】

事件発生時の年齢：39〜40歳
有罪認定された罪名：殺人、銃刀法違反、詐欺
裁判の結果：死刑（本書校了時点では未執行）
面会場所：東京拘置所

逮捕前の新井竜太。2008年の正月、家族
旅行の際に撮影された1枚（親族提供）

死刑の恐怖は「もう超えた」

2015年10月23日の朝、東京拘置所の面会室。新《あら》井《い》竜《りゅう》太《た》はいつも通り、ニコニコしながら面会室に現れた。長く伸びた髪を頭頂部でチョンマゲのように束ね、あごひげと口ひげも長々と伸ばした独特の風貌。この風貌で紺の作務衣をまとっているから、いかにも浮世離れした雰囲気だ。40代後半の男らしからぬ、くりくりした目も印象的である。

私はこの日、新井とアクリル板越しに向かい合った時、「裁判のことは気にならないのですか」という言葉が口をついて出た。新井があまりにも普段通りだったからである。

というのも、2件の殺人事件の容疑で起訴された新井は、裁判で「無実」を主張していたが、裁判員裁判だった第一審で死刑判決を受け、控訴審でも死刑を支持する控訴棄却の判決を受けていた。そして、この日、午後から最高裁で弁護人と検察官が弁論を行ない、上告審も結審する見通しだった。

東京拘置所

そういう切迫した状況にもかかわらず、新井には緊張感が微塵も感じられなかった。

「もちろん、裁判はいいほうに転がって欲しいと思っていますよ。でも、僕の力が届かないところで決まることですから」

私の問いに、そう答えた新井の口調は落ち着いていたが、内心はどうなのか。単刀直入に聞いた。

「死刑になるのが怖くないのですか」

「もう超えました。今のところ、ないです」

この時ばかりは、少し神妙な面持ちになった新井に対し、私は複雑な思いにとらわれた。この日まで2年余り取材を重ね、新井の無実の訴えが本当なのではないかという心証を抱いていたためだ。

裁判で明暗が分かれた2人

新井は、獄中の身となる前、母親が横浜市で営む内装工事の会社で取締役を務めつつ、内装工として働いていた。生まれ育ちも神奈川で、逮捕時は川崎市に居を構え、妻や3人の子どもと暮らしていた。周囲の人たちに話を聞く限り、人間的な評判は悪くない。むしろ、聞かれるのは「面倒見が良かった」とか「頭が良く、おもしろかった」など良い評判ばかりだった。

そんな新井がなぜ、2件の殺人事件の嫌疑をかけられたのか。事件の経緯と共に振り返っておく。

第1の事件が発覚したのは、2009年8月9日のことだ。被害者は、埼玉県深谷市の久保寺幸典さん、当時64歳。新井のおじ（＝新井の母の兄）にあたる人である。以前はトラック運転手をしていたが、5年前に体を壊して退職。同居していた母親を90年代初めに亡くして以来、一軒家で一人暮らしをしていた。

この日、久保寺さん宅で洗濯物が干しっぱなしになっているのを不審に思い、警察に通報したのは、久保寺さんの散歩仲間の友人だった。通報をうけ、警察官が久保寺さん宅を訪ねたところ、久保寺さんは1階の居間で、胸に包丁を突き立てられた状態で亡くなっていたという。

埼玉県警は当然、殺人の疑いで捜査し、ほどなく1人の男に疑いの目を向ける。男の名は、髙橋隆宏。新井の従兄弟（新井の母親の姉の息子）で、久保寺さんの甥（久保寺さんの姉の息子）にあたる男だ。当時は30代後半だが無職で、出会い系サイトで知り合った女性たちに金を貢がせて暮らしていた。

髙橋が県警に疑われたのは、事件と髙橋を結びつける複数の証言があったためだった。

久保寺さん宅。事件後は空き家のままで、庭の草木が伸び放題

たとえば、髙橋と内縁関係にあった女性は、「事件が起きた頃、髙橋が『おじさんを殺しちゃってくる』と言っていたんです」と証言。髙橋に金づるにされていた女性の1人も、「事件があった頃、髙橋に命令され、（久保寺さんの家がある）深谷に車で送ったことがあるんです」と打ち明けていた。

こうした証言を得た県警は、同年12月3日、金を貢がせていた女性に対する傷害の容疑で髙橋を別件逮捕し、久保寺さん殺害の容疑を追及した。しかし、髙橋は頑として容疑を認めなかった。

そこで、県警は同22日、改造拳銃を所持していた容疑で髙橋を再逮捕。さらに、翌2010年1月22日には私文書偽造の容疑で追起訴し、同5月26日に詐欺の容疑で3度目の逮捕……と半年以上に渡って別件の様々な容疑で逮捕、起訴を繰り返し、髙橋に対して、久保寺さん殺害の容疑を追及し続けた。

こうした執念の捜査により、同6月3日、髙橋はついに久保寺さん殺害の容疑を認めたが……問題はその自白内容だ。久保寺さんを殺害したのは自分だが、首謀者は新井だと言うのである。

「私が、おじの久保寺幸典さんを殺害したのは、従兄弟の新井竜太から指示されたからでした。新井は、久保寺さんと金銭トラブルになり、激怒していたのです」

県警はこうした髙橋の自白に基づき、新井に対しても久保寺さん殺害の容疑を追及した。その結果、新井からも髙橋に久保寺さんの殺害を指示したという「自白」を得られた。そこで同月25日、県警は新井と髙橋の2人を一緒に殺人の容疑で逮捕したのである。

殺害現場となった新井の母親の会社事務所兼自宅の建物は取り壊され、コインパーキングとレンタル倉庫に

さらに、県警が捜査を進める中、第2の事件が浮かび上がった。久保寺さんの事件の前年にも新井と髙橋の周辺で1人の女性が不審な死に方をしていたことが判明したのだ。

女性は平山澄子さん、死亡時46歳。平山さんは戸籍上、「髙橋の養母」とされていたが、2008年3月、新井の母親が経営する内装工事の会社の事務所兼自宅で入浴中に眠ってしまい、溺死していた。この「事故」の際、平山さんの「法定相続人」である髙橋の口座には、保険会社から3600万円の死亡保険金が振り込まれていたのである。

県警は当然、この「事故」についても、実際には新井と髙橋が保険金目的で平山さんを殺害したのではないかと疑った。そして、2人を追及したところ、髙橋から次のような自白が得られた。

「新井が死亡保険金をだまし取るため、平山さんの殺害を私に指示してきたのです。私はそれを聞き入れ、平山さんに睡眠薬を飲ませて眠らせたうえ、風呂に入れて殺してしまいました……」

県警はこの髙橋の自白に基づき、新井を追及した結果、平山さんのことも髙橋に指示し、殺害させたとの「自白」が得られた。そこで2010年11月4日、新井と髙橋を平山さん殺害の容疑で再逮捕した。

その後、新井と髙橋は、さいたま地裁で別々の裁判員裁判で裁かれたが、結果は明暗を分けた。

まず、髙橋は裁判員裁判の法廷でも容疑をすべて認めたうえ、証言台に立つたび、傍聴席の被害者遺族に頭を下げるなど深い反省の態度を示した。その結果、検察官の死刑求刑にかかわらず、〈今後の更生を期待できないとまでは言えない〉（髙橋に対する一審判決より）と判断され、無期懲役判決を宣告された。そして、弁護側、検察側共に控訴せず、判決が確定し、髙橋は無期懲役刑に服した。

一方、新井は裁判員裁判の法廷で自白を撤回し、「自分は2つの殺人事件に関係ない」と無実を訴えた。しかし、結果的に2012年2月24日の判決公判では、〈不合理な弁解に終始し、責任逃れに汲々としている〉（新井に対する一審判決より）、〈反省、改悛の情が窺われない〉（前同）などと指弾され、死刑を宣告されたのだ。

逮捕されてニコニコしていた男

私が新井に最初に関心を抱いたのは、新井がさいたま地裁の裁判員裁判で死刑判決を受けた

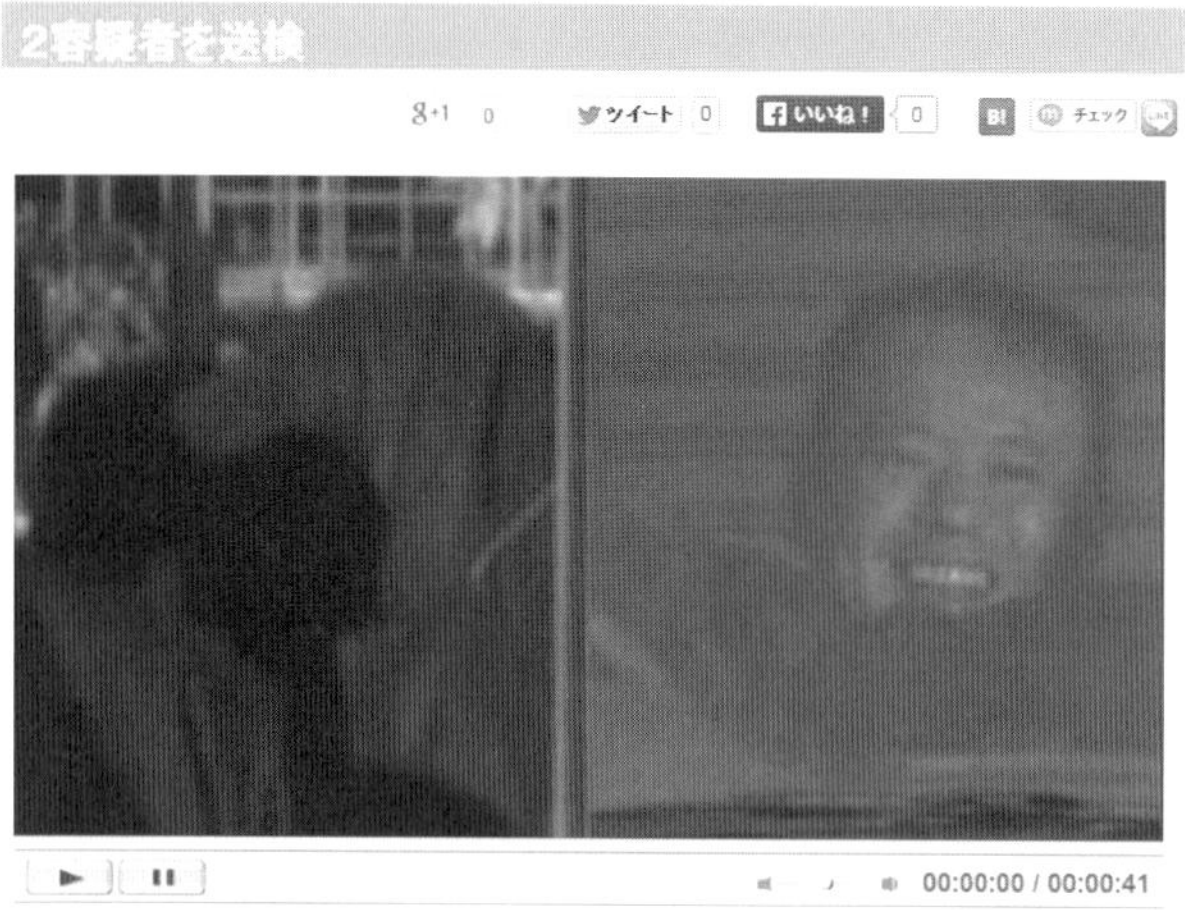

2容疑者を送検

埼玉県警、横浜市女性殺害事件

2008年に横浜市の無職安川珠江さん＝当時（46）＝が殺害された事件で、埼玉県警は6日、安川さんの養子になり保険金を受け取っていた高橋隆宏容疑者＝殺人容疑で再逮捕＝と新井竜太容疑者＝同＝を送検。

2010年11月06日

>>この動画の記事

警察車両で送検されながらニコニコしている様子が報じられた新井（47NEWS2010年11月6日配信記事）

時のことだ。どんな事件なのだろうかとインターネットで調べたところ、「ある記事」が目に留まった。

それは、新井が2010年に殺人の容疑で逮捕された際、『47NEWS』が配信していた動画付きの記事だった。その動画では、新井が警察車両で検察庁に移送されながらニコニコしている様子が映し出されていた。私にはそれが「余裕の笑み」のように見え、心に引っかかったのだ。

私はこれまで冤罪事件も色々取材してきたのだが、冤罪で逮捕された人物は最初のうち、「証拠などないのだから、すぐに疑いは晴れるだろう」などと、自分の未来を楽観視している場合が少なくない。裁判で有罪になれば、量刑は死刑や無期懲役になるのが確実な重大事件であってもだ。ひょっとして新井もそのパターンではないか……私はふとそんなことを考えたのだ。

そして、私が取材依頼の手紙を出し、初めて新井のもとに面会に訪ねたのは、２０１３年の秋だった。この時、新井はすでに控訴審でも無実の訴えを退けられ、最高裁に上告中だった。取材に動くには少々遅かったが、新井が最高裁でも無実の訴えを退けられ、死刑判決が確定してしまうと、面会や手紙のやりとりはできなくなる可能性が高かった。それまでに一度、新井の無実の訴えを直接聞いてみて、見込みがあるようなら事実関係を調べてみたいと思ったのである。

初対面の時も、新井はニコニコしながら東京拘置所の面会室に現れた。そして、椅子に腰を下ろし、アクリル板越しに私と向かい合うと、挨拶もそこそこにこう切り出してきた。

「手紙は届きましたよ。事件の真相を知りたいということなんで、結論から言いましょうか」

「ええ、お願いします」

「僕は冤罪です。髙橋は自分１人でやったことを全部僕のせいにして、死刑を免れたんです。その代わりに僕が死刑の判決を受けたんですよ」

ああ、やっぱり……と私は思った。信じていい話かどうかはともかく、こういう主張を聞かされること自体は予想通りだったからだ。以下、この日の私と新井の一問一答である。

――では、まず、平山さんの事件の真相を聞かせてもらえますか。

「平山さんは元々、髙橋が出会い系サイトで知り合い、金づるにしていた女性です。髙橋は平山さんにサラ金で借金させたり、売春させたりした挙げ句、邪魔になって殺してしまったんです」

――平山さんは、髙橋さんの「養母」だったそうですが？

「髙橋は、平山さんにサラ金で借金をさせるため、色んな人間と養子縁組をさせたんです。そして、多重債務者だった自分自身も苗字を変え、サラ金から借金するために平山さんの養子になったんです」

——裁判では、新井さんは保険金目当てで髙橋に平山さんを殺害させたことになっていますね。

「本当は、髙橋が僕とは関係なく、自分1人で保険金目当てに平山さんを殺害したんです。髙橋が平山さんの養子になっていたのは、最初から保険金も狙っていたからでしょう」

——久保寺さんについても、新井さんが髙橋に指示し、殺害させたことになっていますが。

「それも髙橋の作り話です」

——裁判では、新井さんは久保寺さんと金銭トラブルになっていたように認定されていますが。

「それがそもそも、髙橋の作り話です。僕は久保寺と金銭トラブルになんかなっていませんから」

活字にすると、深刻な会話をしているような印象だが、新井はこの初めての面会中も終始、ニコニコしていた。変わったところがある人間ではあるのだろう。

ただ、「2つの殺人事件は、本当は髙橋が1人でやったこと」だという新井の主張は、とりあえず筋が通っていると思えた。論理的な破綻もとくになかった。そこで、私はこの事件を本格的に調べてみたいと考え、裁判資料を入手したうえ、事実関係の検証を始めたのだが——。

私は当初、やはり、新井は首謀者として髙橋に指示し、2件の殺人を実行させたのではないかと疑わざるをえなかった。客観的にみて、新井には、怪しい事実が揃っていたからだ。

怪しい事実

裁判資料で確認できた新井の怪しい事実とは、たとえば次の①〜③のようなことだ。

①髙橋は自分の胸に「新井」という入れ墨を彫っていた

髙橋は裁判で、「自分は新井のことを何でもできる凄い人だと思っていて、ずっとついていこうと思っていた」と語っており、そんな忠誠心から新井に言われるままに2件の殺人を敢行したと説明していた。髙橋が自分の胸に彫っていた「新井」という入れ墨は、新井への忠誠心を裏づけていた。

②平山さんが加入していた生命保険に新井が深く関与していた

平山さんの生命保険は、新井から保険代理店を営む先輩を紹介され、加入したものだった。さらに、平山さんが髙橋に事故を装って殺害された時、死亡保険金の請求手続きをしたのも新井だった。

③久保寺さんの遺体に突き立てられていた凶器の包丁は新井の内妻の家にあったものだった

髙橋は、久保寺さんを殺害した時のことについて、「川崎市にある新井の内妻の家の前で、紙袋に入れられた包丁を渡され、久保寺さんを殺すように言われたんです」と証言していた。そして、実際、久保寺さんの胸に突き立てられていた包丁は、新井の内妻とされる女性の家にあったものだった。

以上、裁判資料で確認できた新井の怪しい事実だ。こうした事実関係からすると、新井が裁判で無実の訴えを退けられ、2件の殺人事件の首謀者と認定されたこともおかしくないと思えたが——。

さらに、裁判資料の検証を進めると、少しずつ違う景色も見えてきた。たしかに新井には、怪しいところが色々ある。しかし、髙橋には、新井よりはるかに怪しいところが多いのだ。

共犯者の素性

裁判資料によると、髙橋の経歴はおおよそ次の通りであった。

髙橋は新井の3つ年下の従兄弟で、新井とは子どもの頃から親戚の集まりで顔を合わせていた。そして、90年代の初め頃には、新井の母親の会社で2年半ほど、住み込みで働いたことがある。髙橋の母親が当時ハタチ前後だった息子の素行の悪さに手を焼き、自分の妹である新井の母親に息子を預けたのだ。しかし、髙橋は仕事をさぼりがちで、年上の従兄弟である新井から注意されては逃げ出すということを繰り返し、結局、何も言わずに新井たちのもとから姿を消してしまった。

髙橋はその後、暴力団に所属したり、女性数人を雇ってデリヘルを経営したりするようになった。そして、傷害事件を起こし、3年ほど服役。出所後は、出会い系サイトで知り合った女性たちに金を貢がせて生活していた。そして、この時期、新井たちの前に再び現れ、「家賃が払えない」「携帯電話の代金が払えない」などと言っては、新井に金を借りるようになったという。

新井は平山さんについて、「髙橋に売春をさせられていた」と話していたが、実際にそういう事実があったことも裁判資料に示されていた。髙橋はこの件に関しても、「平山さんに売春させていたのは新井の指示だった」と語っているが、ほかの女性たちにも金を貢がせたり、デリヘルを経営したりしておきながら、平山さんに売春させていたことだけは新井の指示だったというのは不自然だ。

さらに、髙橋が胸に「新井」という入れ墨を彫っていた件に関しても、控訴審の弁護人が自分たちの主張をまとめた「弁論要旨」という書面で興味深い主張を繰り広げていた。

「髙橋が新井の名前の入れ墨を彫っているのは、忠誠心の表れではない。髙橋は、平山さんの気を引くために平山さんの名前も入れ墨にしているし、インターネットで知り合っただけの女性の名前の入れ墨も彫っている。髙橋にとって入れ墨は大きな意味のあるものではないのである」

これはあくまで弁護人の主張だが、検察官は何ら反論しておらず、事実とみて差し支えない。髙橋が人の名前を入れ墨にするのは、利用したい人物の機嫌をとる程度の意味しかなかったのだろう。

私は、新井と髙橋の関係が実際はどうだったかについて、2人の周囲の人たちにも話を聞いてみた。

新井と一緒に職人として働いていた後輩の男性は、こう語った。

「タカさん（筆者注・髙橋のこと）は年上の竜さん（筆者注・新井のこと）に敬語は使っていましたが、2人の間に主従関係があったかと言われると、正直、何それ？　という感じです。竜さんがタカさんに人を殺させるというのは……俺らには、ありえないというか、全然ピンとこないですよね」

また、仕事を通じて新井、髙橋の両方を知る内装業者の女性も次のような話を聞かせてくれた。

「タッくん（筆者注・髙橋のこと）はそもそも、竜さんと深い付き合いがなかったんじゃないですか。若い頃、竜さんのお母さんの会社で働いていたのに逃げ出し、10年くらい音沙汰がなかったですから。再び私たちや竜さんの前によく顔を出すようになったのは、2007年か2008年頃で、その時に紹介された平山さんがその後すぐにお風呂で溺れて亡くなったと聞き、驚いたんですよ」

2人の周囲の人たちの話を聞く限り、髙橋が新井に忠誠を誓い、言われるままに2件の殺人を実行したという筋書きにはやはり疑問を禁じ得なかった。

保険金殺人の実相

再び、東京拘置所の面会室。平山さんの生命保険については、私は新井に直接、事実関係を質した。

――平山さんが加入していた生命保険は、新井さんが保険代理店をやっている高校の先輩を紹介し、加入させたそうですが、なぜ、そんなことをしたのですが。

「髙橋が、平山さんを保険に加入させたいと言ってきたからです。平山さんが髙橋の『養母』だったことは当時知らないし、髙橋が保険金のために平山さんを殺すとは夢にも思いませんでした。平山さんが亡くなった時、その保険代理店をやっている先輩から、『平山と髙橋は戸籍がぐちゃぐちゃだから、保険金は請求しないほうがいいぞ』と言われ、僕は初めて2人が養子縁組をしていると知ったんです」

──ただ、新井さんは結局、死亡保険金の請求手続きもしていますね。

「髙橋が、『村田』というヤクザの名前を使い、死亡保険金の請求をするように何度もせっついてきたので、従わざるをえなかったんです。髙橋によると、その村田というヤクザも戸籍上、平山さんの養子になっていて、平山さんの死亡保険金を受け取る権利があるとのことでした」

──裁判では、新井さんが死亡保険金3600万円のうち2800万円を取ったとされていますが。

「髙橋は口座に3600万円が振り込まれると、全額引き出し、そのうち2800万円を僕に預けたんです。それはあいつが銀行に金を預けておく習慣がなかったからだと思います。この時、髙橋に貸していた200万円を返してもらったり、髙橋に『迷惑をかけたので、好きな車を買ってください』と言われ、100万円の軽自動車を買ったりはしましたが、分け前などは一切受け取っていません」

この話についても、新井の主張を何もかも鵜呑みにするわけにはいかない。

だが、裁判資料をひもとくと、実際に髙橋が村田というヤクザを使い、新井に死亡保険金の請求をせっついていたことを示す証拠も存在した。それは、髙橋が新井に送信していた携帯電話のメールのデータである（〈〉内は引用。削除されたのを復元したデータで、復元不能だった部分もある。□がそれにあたる。以下同じ）。

〈村田が（引用者注・新井が取締役兼内装工として働く母の）会社の□を教えろとうるさいです〉（2008年5月21日15時58分）

〈今村田からTELありました　用件はまだおりないのか！と　自分に（引用者注・前同）会社場所教えろとうるさいです。後今日連絡取れなくても裏ルートから携帯番から　GPSと名義屋から　携帯名義だして　いくと　伝えてくれとの事です〉（2008年7月26日17時3分）

髙橋はこのように、村田が面倒な人間であるかのように新井にメールでプレッシャーを与え、平山さんの死亡保険金の請求をせっついていたのである。

しかも、髙橋はその裏では、村田と仲良くしていたことが2人でやりとりしたメールのデータに現れていた。

髙橋〈お疲れ様です　保険証が明日送らせます　寒いから体には気を付けて下さい　早く又キャバでも行きたいですね〉（2007年12月13日21時20分）

村田〈了解！〉（2007年12月13日22時3分）

こうしたメールのデータからは、髙橋が村田というヤクザとグルになり、新井のことを利用しつつ、平山さんを殺害して保険金を騙し取ろうとしていたことが窺える。

実行犯のメール

では、もう1つの事件はどうか。裁判では、新井がおじの久保寺さんと金銭トラブルになり、高橋に久保寺さんを殺害させたとされているが――。

まず、裁判資料によると、この事件に関する高橋の証言は次のようなものだった。

「新井は、私が紹介した金村という男との間で、『葬儀会社を立ち上げ、融資をうけて儲けよう』という話になり、久保寺さんにこの話を持ち掛けました。久保寺さんは当初、この話に乗り気でしたが、心境が変わったのか、新井とトラブルになっていたようでした。新井が私に、『久保寺が、葬儀会社はやらないから預けた500万円を返せ、と言ってきている。俺の子どもの悪口も言ってきた。もう許せねえ。殺してくれねえか』と言ってきたのです。私はこれに従い、新井に渡された包丁で久保寺さんを殺害したのです」

一方、新井は面会の際、私にこの事件の「真相」を次のように説明した。

「僕は当時、久保寺から500万円の運用を頼まれていたんです。そんな中、高橋に紹介された『金村』という葬式コンサルタントを名乗る男が、『葬儀会社をやれば儲かる』と言うので、久保寺にも相談の上、その500万円を高橋と金村に預けたのですが、どうも様子がおかしい。そこで、金を返すように高橋に求めていたら、高橋は返済を免れるために久保寺を殺してしまったんです」

また、高橋が新井の内妻の家にあった包丁で久保寺を刺したことについては、こう釈明した。

「内妻と言われている女は、そもそも内妻ではなく、僕が若い頃に付き合っていた女です。彼女は当時、1人で闘病していたため、僕が面倒をみていたんです。あの包丁はたしかに彼女の家にあったもので、僕が高橋に渡しました。なぜかというと、高橋と2人で車に乗っていた時、預けた500万円を返すように求めていたら、高橋が『ここまでしてもらって、金を返せなかったら腹を切ります』と言い出したのですが、言い方がふざけていた。そこで、彼女の家に立ち寄り、『腹を切る時はこれで切れ』と包丁を渡したんです。大体、本当に髙橋に久保寺を殺させるなら、内妻の家にある包丁なんか使わせません。アシがつかないように、新品の包丁を使わせますよ」

このように、真っ向から対立した新井と髙橋の主張。結果的に裁判では、新井の主張は信用されず、髙橋の説明のほうが信用されているわけだが――。

裁判資料を読み進めたところ、弁護側がこの事件のキーパーソンとも言える金村という人物について、なかなか刺激的な主張をしていたことがわかった。

「金村という名前は偽名であって、職業も葬式コンサルタントではなく、元公安だと名乗り、事件のもみ消しをしている人物であった。髙橋は、金村が詐欺まがいの人物であると認識しながら、被告人（筆者中・新井のこと）に金村を紹介したのである」

（控訴審弁護人の弁論要旨の骨子）

これもあくまで弁護側の主張だが、検察官は何も反論しておらず、事実とみて差し支えない。

件名(表題)	相手	日時	本文
Re2:お疲れ様です兄貴のメール転	@docomo.ne.jp	平成21年07月16日(木)17時43分	□□□僕ももうすぐ車降ります
Re:Re2:お疲れ様です兄貴のメー	@docomo.ne.jp	平成21年07月16日(木)17時47分	今私は□です。金ゴンは やはり 嗤ってきましたか…
Re:Re2:お疲れ様です兄貴のメー	@docomo.ne.jp	平成21年07月16日(木)17時50分	今後はお互い仲介はやめましょうね□□□なんかシノギ考えましょう□
Re2:Re2:お疲れ様です兄貴のメー	@docomo.ne.jp	平成21年07月16日(木)17時51分	兄貴は 成功報酬は 払うのだから 必要なら 経費でだすと ことわったらしいです
Re:Re2:Re2:お疲れ様です兄貴の	@docomo.ne.jp	平成21年07月16日(木)17時54分	金ゴン 先食い 莫大な経費□□□□□

髙橋が新井を騙して嗤っていたメールのデータ　※上から2番目と5番目

さらに、弁護側は、「高橋は、金村が被告人から金員を詐取する様子を馬鹿にしながら眺めていたのである」（同前）と主張し、興味深い証拠を提示していた。それは、高橋が懇意にしていた暴力団組長の元妻の女に送信していたメールのデータだ。それには、新井が金村に金を騙し取られる様子について、高橋がこの女から状況を逐一教えてもらいつつ、嘲笑していたことが示されているのだ。

〈多分10分おきで　来ますよ　金ゴンが行ったら（引用者注・新井から）むしりだしますよ（笑）〉（2009年7月16日12時57分）

〈今私は□です。金ゴンはやはり（引用者注・新井を）喝ってきましたか・・・〉（2009年7月16日17時47分）

〈金ゴン　先食い　莫大な経費〉（2009年7月16日17時54分）

高橋の言葉は独特であるため、意味がわかりにくいところもある。しかし、高橋が新井に言われるままに殺人を犯すような男ではなく、むしろ、自分の本当の仲間たちと一緒に新井から金をむしり取っていたことが伝わってくる。

脅迫するような手紙

裁判資料の検証や関係者への取材でこれらの事実を把握し、私は高橋本人にも事件の真相を聞いてみたいと思った。そこで、宮城刑務所で服役中の高橋に手紙を出し、取材を申し込んだ。

その手紙では、「私は、新井竜太に関する高橋さんの供述は大部分が嘘だと思っている。真相を教えて欲しい」と取材趣旨を単刀直入に伝えた。すると、高橋から次のような返事が郵便書簡で届いた。

〈前略

お手紙見ました。

どんな物事にも報道は自由だし、発言も自由な事です。貴男がどんな修羅場を歩き、今に来たのか私は知りません。たかが犬、猫すら殺した事のない人が、私や新井の20年以上の何が分かるのですか？（笑）

片腹痛いです。たかだか平和ボケした人が殺しの修羅場を語って欲しくないのが本音です。

刑ム所は毎月手紙を出せる数が決まっており、この一通さえ、私にはムダに近い一通です。

取材けっこう、インタビューＯＫ。

片岡さんは私に話をさせるならばそれなりの対価・情報料を払って下さい。

人を殺すと言う事は、下手打てば己の死。

体をかけて竜の会社（親）たちをもうるおし、その私の口から何かを聞くので有れば筋を通して下さい。

片岡さんの欲の為の記事。己の欲、自己満足。

まず、本気で私に入り込んで来るので有れば　手紙届きしだい送金してください。

無ければ話は終わりです。

では。

事件や事故は場所、時間を答わず誰にでも起こる事です。

くれぐれも気をつけてください。

片岡様

髙橋隆宏〉

平成26．8．7

この手紙を見て、私は確信した。髙橋が2人の人間の命を奪ったことを何ら反省していないどころか、むしろ、武勇伝のように思っていることを。裁判中に深い反省の態度を示していたのは、死刑回避のための演技だったのだ。そして、最後の2行は、明らかに私を脅迫する意図で書かれたものだ。

髙橋が口を割らない限り、事件の真相を完全に解明するのは無理だ。ただ、髙橋が自分1人で2人の人を殺めた挙げ句、従兄弟の新井に罪を押しつけ、死刑を免れたことまでは間違いないと思えた。

子どもたちに真実を残したい

再び、東京拘置所の面会室。私は新井と向かい合い、改めて何点かの気になることを質した。

――新井さんはなぜ、取り調べで自白したのですか。

「家族を守るためです。というのも、警察や検察は当初、僕だけじゃなく、お袋のことも疑っていたんです。髙橋が取り調べで、お袋の名前を出していたらしく、刑事は、『お前が認めなければ、お袋を逮捕する』とまで言ってきました。そこで僕は、今、自白をしても、裁判で覆せると思い、いったん自白したんです。当時は裁判について、無実なら無罪判決が出るものだと普通に思ってましたから」

――警察車両で連行される際、笑っていたのはやはり、「余裕の笑み」だったんですか。

前略
お手紙見ました。

どんな物事にも報道は自由だし発言も
自由な事です。貴男がどんな修羅場を
歩き今に来たのか私は知りません。たかが
犬猫すら殺した事のない人が、私や
竜太の20年以上の何が分かるのですか？（笑）
片腹痛いです。たかだか手紙ボケした人が
殺しの修羅場を語って欲しくないのが本音です
刑ム所は毎月手紙を出せる数が決まって
おり、この一通さえ私にはムダに近い一通です
取材、けっこう、インタビューOK。
片岡さんは私に話をさせるならばこれなりの
代価、情報料を払って下さい。
人を殺すと言う事は、下手打てば己の死。

体をかけて竜の会社（親）たちをうるおし、その
私の口から何かを聞くので有れば
筋を通して下さい
片岡さんの欲の為の記事。己の欲
(を)満足
まず、本気で私に入り込んで来るの
で有れば　手紙届きしだい送金して
下さい。
無ければ話は終わりです

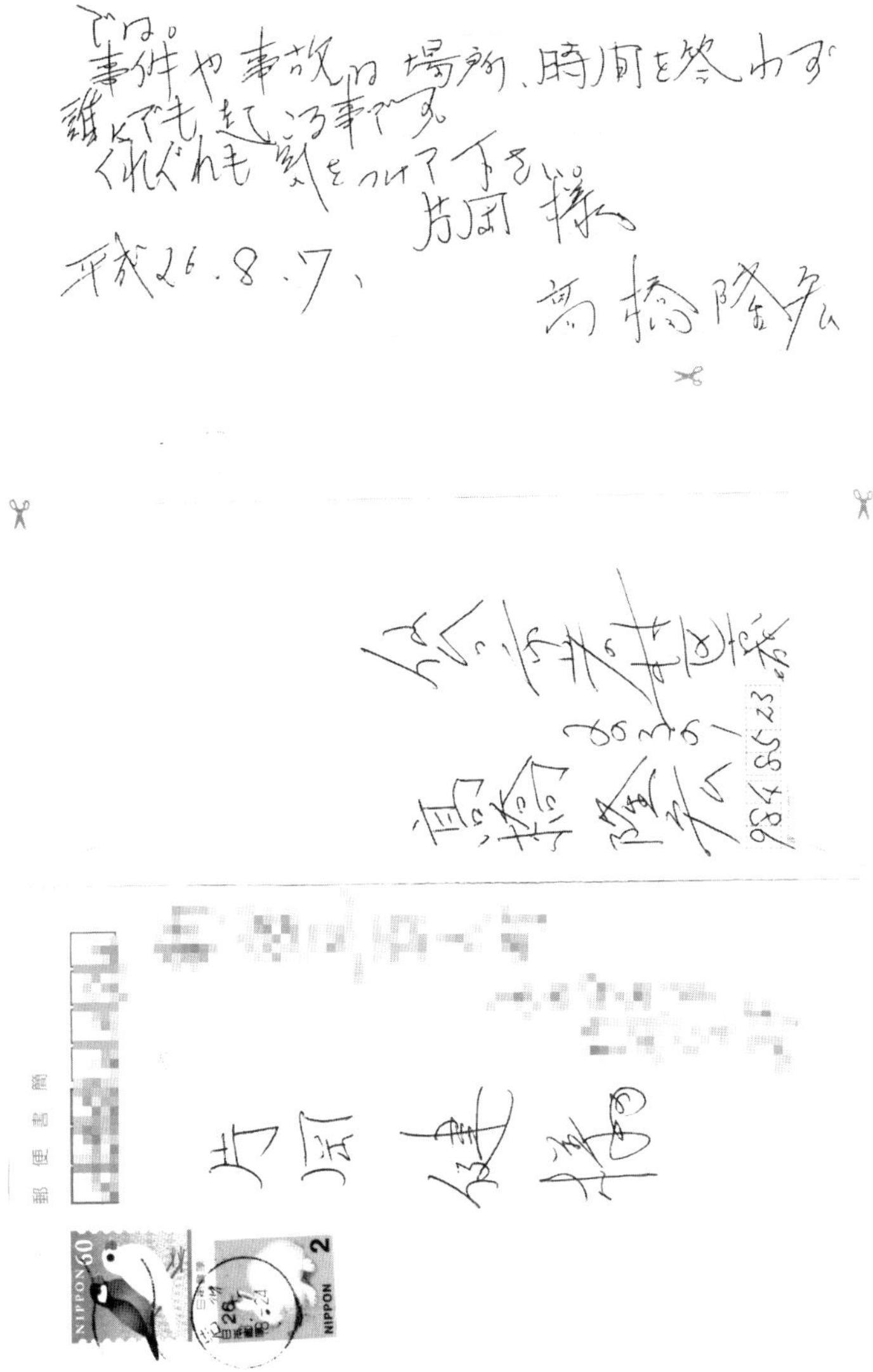

髙橋隆宏から郵便書簡で届いた返事。2人も殺めながら無反省なのが明白

「そうですね。裁判で無罪判決が出ると思っていましたから、僕を逮捕した警察や検察が恥をかくと思い、笑っていたんです。で、起訴されたあと、証拠資料の中にあのメールデータを見つけた時には、無罪は決まりだと思いました。髙橋が言うような僕との主従関係なんか存在せず、髙橋が僕を騙し、陰で自分の仲間たちと一緒に笑っていたことは、あれで確実に証明できると思いましたから」

裁判では、髙橋が、新井や自分の仲間たちとやりとりしていたメールのデータが大きな争点になったが、〈(筆者注・新井に対する髙橋の)言葉遣いからも上下関係がうかがわれる〉(新井に対する控訴審判決より)などとして、新井と髙橋の間には、上下関係があったと認定された。そして、結局、一、二審の裁判官はいずれも新井が髙橋に殺害を指示した「首謀者」だったと認めたのだ。

新井に、「髙橋に何か言ってやりたいことはありますか」と尋ねたところ、意外な答えが返ってきた。

「今は髙橋に対する怒りは冷めているんですよ。裁判の記録を読めば読むほど、あいつが『死にたくない』『人のせいにしてでも逃げたい』と足掻いていたのがわかってきたからです。僕はあいつのせいで死刑判決を受けたので、怒りがまったくないと言えば嘘になりますが、今はあいつに対して『思っていた以上にバカなヤツだったんだな』とか『気の毒だな』という思いのほうが強いんです」

新井が髙橋のことを語る時には、バカにした雰囲気が言葉の端々からにじみ出ていた。実を言うと、髙橋は「元暴力団組員」とか「女性たちに金を貢がせていた」とかいう経歴と裏腹に、何かと鈍くさい小柄な男で、新井ら親戚たちの間ではバカにされる存在だったという。それゆえに新井も逆に油断し、高橋に騙されてしまっていたのだ。

「裁判員たちに、何か思うことはありますか」とも尋ねてみたが、新井は達観したようにこう言った。

「裁判員の人たちには、恨みや怒りはないですね。殺人の片棒をかつがされ、かわいそうに思います」

諦観したような雰囲気の新井だが、逮捕後に交流が途絶えた3人の子どもには思いを残していた。

「自分は死刑になると思っています。でも、子どもたちには、父親が殺人犯だという思いはさせたくない、真実を残してやりたいという思いはありますね」

そう語っていた新井だが、2015年12月4日、最高裁から上告棄却の判決を受け、死刑が確定した。その判決文はA4でわずか2枚、一、二審判決の事実認定については具体的な根拠を挙げることなく、〈相当なもの〉と認められていた。

その後、新井は死刑が確定し、私は面会や手紙のやりとりができなくなったが、本書校了時点では死刑は執行されておらず、東京拘置所に収容されている。再審請求はまだしていない。

※新井竜太、髙橋隆宏、久保寺幸典さん以外の人物は仮名です。

新井竜太。桜の季節に、長男と
横浜市内の公園にて（親族提供）

「自分は死刑になると思っています。
でも、子どもたちには、
父親が殺人犯だという思いはさせたくない、
真実を残してやりたいという思いはありますね」
（新井竜太）

一般の認識よりはるかに多い平成の死刑冤罪事件

190～190ページのコラムで触れた足利事件の菅家利和さんや、布川事件の桜井昌司さん、杉山卓男さんが2010～2011年に再審で無罪判決を勝ち取った頃から、殺人事件の犯人とされた人が再審で雪冤を果たす例が相次いでいる。

2012年に東電OL殺害事件のゴビンダ・プラサド・マイナリさん、2016年に東住吉女児焼死事件の青木恵子さんと朴龍皓《ぼくたつひろ》さんがそれぞれ再審で無罪判決を獲得。このほか、松橋事件の宮田浩喜さん、大崎事件の原口アヤ子さん、湖東記念病院事件の西山美香さん、日野町事件の阪原弘さん（故人）らが殺人犯の汚名を着せられながら再審請求後に再審開始決定を受けており、今後、再審で無罪判決を受ける可能性が高まっている。

そんな時代になっても、なかなか実を結ばないのが死刑囚の再審請求だ。長年冤罪の疑いが指摘されてきた袴田事件の袴田巌さんが、2014年に静岡地裁で死刑囚としては戦後6例目となる再審開始決定を受けながら、この決定が2018年に東京高裁で取り消されたのは、その象徴的な出来事だろう。また、死刑囚の再審請求というと、世間では今も「死刑執行の先延ばしが目的」と決めつける人も多い。裁判員裁判で出た冤罪死刑判決の疑いを本編で指摘した新井竜太についても、テレビや新聞では、冤罪の疑いが一切指摘されていないから、「本当に冤罪の疑いがあるのか」と懐疑的な感想を抱いた人も少なくないと思われる。

ただ、私の取材経験上、冤罪で出た死刑判決は世間一般で思われているよりはるかに多い印象だ。たとえば、平成に起きた事件だけを見ても、誤ったDNA型鑑定により無実の男性が処刑された可能性が疑われる飯塚事件（1992年＝平成4年）の久間三千年《くまみちとし》元死刑囚（2008年に死刑執行）、有力なアリバイ証人が現れた山梨キャンプ場殺人事件（1997年、2000年＝平成9年、12年）の阿佐吉廣死刑囚、有罪の決め手になった匕素の鑑定に様々な問題が指摘される和歌山カレー事件（平成10年＝1998年）の林眞須美死刑囚らについては、近年、冤罪を疑う声が増えている。

そのほか、これらの事件と比べると冤罪を疑う声は少ない印象だが、元夫の関根元（死刑確定後、獄死）と共に殺人罪などに問われた埼玉愛犬家連続殺人事件（1993年＝平成5年）の風間博子死刑囚については、事件の内実を唯一知る存在だと目された共犯者の男が裁判で「博子さんは、何もやってもない」と証言しており、冤罪の疑いが色濃く浮かび上がっている。

また、捜査段階に「有料記者会見」を連日開くなどしたためにイメージは悪いが、本庄保険金連続殺人事件（1995年～1999年＝平成7年～11年）の八木茂死刑囚についても、被害者の1人が実際は入水自殺で死亡した可能性が複数の死因鑑定により指摘されている。加えて、有罪の決め手となった共犯者の女性たちの証言についても、女性たちが無理な取り調べにより「偽りの記憶」を植え付けられ、実際は体験していないことを証言している可能性が供述心理学者に指摘されている。

こうした話を今ここで初めて聞かされ、ピンとこなかった人は多いだろう。だが、死刑判決が出るような事件はそもそも、社会的注目度が高いために警察や検察が通常以上に事件解決への執念を燃やし、無理な捜査をしてしまいがちだ。つまり、死刑事件には元々、冤罪が生まれやすい要素があるということだ。ここに挙げた事件はどれも、今後、再審などで大きな動きがある可能性があるので、記憶にとどめておいてもらえたら幸甚だ。

あとがき　——悪人は1人もいなかった——

殺人犯たちとの面会を重ねる中、私はある時期から、強く感じるようになったことがある。それは、「悪人」だと思える殺人犯がまったくいない、ということだ。本書の執筆に際し、殺人犯たちとの面会や手紙のやりとりの記録を振り返りつつ、私は改めてそのことを強く意識した。

小泉毅と植松聖の2人は、自分が敢行した殺人行為を正義だと信じて疑っていなかった。要するに、彼らは悪人ではなく、善悪の基準が現代の一般的な日本人と異なる人間なのである。

2人の女性を殺害した高柳和也は、知的能力の低さのために窮地に追い込まれた挙げ句、自分で自分を制御不能な状態となり、犯行に及んでいた。彼もまた悪人とは思い難い殺人犯だった。

7人を殺害した藤城康孝は精神障害者だった。裁判ではそう認定されなかったが、事実関係に照らせば、善悪を判断し、それに従って行動する能力が犯行時の藤城に完全に備わっていたとは、到底思えなかった。

犯行時少年の被告人としては、初めて裁判員裁判で死刑判決を受けた千葉祐太郎は、暴力が常に身近にあった成育環境のため、暴力に関する感覚が歪み、交際相手にDVを繰り返した。3人を殺傷した犯行も解離性障害を引き起こし、頭が真っ白な状態で敢行してしまったものだった。

筧千佐子と上田美由紀は、金のために次々に人を騙したり、殺したりする悪事を重ねたが、私には彼女たちも悪人だとは思えなかった。彼女たちと実際に対話してみて、悪人とみるより、人格に何らかの異常がある人物だとみたほうが妥当だと確信したためだ。

横浜・深谷親族殺人事件の新井竜太は、裁判で死刑が確定し、法的な立場は殺人犯だが、私は冤罪だと思っている。本書のサブタイトルが「重大殺人犯7人と1人のリアル」になっているのも、新井をほかの7人と区別したかったためだ。この私の見解にどれほどの方が賛同してくれるかは心許ないが、新井に対する裁判の有罪認定が盤石ではないことが少しでも多くの人に知られて欲しい。

以上、本書で面会の記録を綴った「7人と1人」に対する私の見方だが、本書を読み、異なる感想を抱いた人もいるだろう。とくに、被害者やその関係者の方からすれば、本書に登場した殺人犯たちのことは絶対悪としか思えないはずで、彼らを悪人視しない私の見解に不快な思いを抱かれたかもしれない。そうであれば、申し訳なく思う。

しかし、言うまでもないことだが、事件、事故、災害に関しては、事実をありのままに認識することが同様の被害を防いだり、回避したりするために不可欠だ。殺人犯たちの実像を知ろうとせず、「殺人鬼」「鬼畜」「毒婦」などとレッテルを貼り、悪人と決めつけるような報道は無難だろうとは思うが、有意なものは何も生まないと私は考える。本書は、そのような考えに基づき、重大な殺人事件の犯人たちの実像を書き残すことに主眼を置いたものだということをご理解頂きたい。

平成時代が終わろうとしているこの時期、このような本を発表できたのは、ありがたいことだと思う。貴重な出版の機会を与えて下さった笠倉出版社の三上充彦さんと海藤哲さん、企画と制作の全般に渡って面倒をみて下さった伊勢出版の伊勢新九朗さん、丁寧な装丁をして下さった西川雅樹さん、そして、貴重な時間をさいて取材に協力して下さった多くの方々に深謝します。

平成31年1月　　片岡健

【主な参考文献】

※本書では、文中で書名を挙げたものを含め、以下の書籍を取材・執筆のための参考にした（発行年月日順）。

『精神医学　第3版』監修者代表・村上仁（1976年11月15日、医学書院）
『偽りの記憶「本庄保険金殺人事件」の真相』著・高野隆、松山馨、山本宜成、鍜治伸明（2004年11月1日、現代人文社）
『誘蛾灯　鳥取連続不審死事件』著・青木理（2013年11月12日、講談社）
『歪曲捜査　ケンカ刑事が暴く警察の実態』著・飛松五男（2014年2月、第三書館）
『チロとともに　死刑囚小泉毅の動物愛の物語　Kindle版』著・住谷クラウディア（2015年12月14日、アトリエ・シャルロ）
『誘蛾灯　二つの連続不審死事件』著・青木理（2016年1月29日、講談社）
『妄信　相模原障害者殺傷事件』著・朝日新聞取材班（2017年6月20日、朝日新聞出版）
『全告白 後妻業の女 「近畿連続青酸死事件」筧千佐子が語ったこと』著・小野一光（2018年6月29日、小学館）
『筧千佐子　60回の告白　ルポ・連続青酸不審死事件』著・安倍龍太郎（2018年7月20日、朝日新聞出版）
『開けられたパンドラの箱　やまゆり園障害者殺傷事件』編・月刊『創』編集部（2018年7月20日、創出版）

【主な参考記事】

※その他、文中で出典を明記して引用したものを含め、以下の新聞社・通信社・雑誌の記事を取材・執筆のための参考にした（五十音順）。

〈新聞社〉朝日新聞社、神奈川新聞社、河北新報社、京都新聞社、神戸新聞社、山陰中央新報社、産経新聞社、中日新聞社、東京スポーツ新聞社、毎日新聞社、読売新聞社
〈通信社〉共同通信社、時事通信社
〈雑誌〉AERA、冤罪File、月刊『創』、g2、サンデー毎日、実話ナックルズ、週刊朝日、週刊金曜日、週刊現代、週刊実話、週刊女性、週刊新潮、週刊プレイボーイ、週刊文春、諸君!、女性自身、女性セブン、新潮45、婦人公論、FRIDAY、FLASH

【写真協力】

朝日新聞フォトアーカイブ、アフロ、アマナ、KYODO NEWS IMAGELINK、時事通信フォト

平成監獄面会記

著　片岡 健

発 行 日　2019年2月12日　初版発行
発 行 人　三上 充彦
編 集 人　海藤 哲
発 行 所　株式会社笠倉出版社
〒110-8625 東京都台東区東上野2丁目8番地7号 笠倉ビル
営業・広告　0120-984-164

企画　株式会社伊勢出版
編集　伊勢 新九朗
装丁　西川 雅樹

印刷・製本　三共グラフィック株式会社

ISBN978-4-7730-8959-2